杜美燕　主编

RESEARCH ON AND APPLICATION OF SYSTEMIC
STRUCTURE OF DIGITAL MUSEUM OF SMALL AND
MEDIUM-SCALE MUSEUMS

中小型博物馆数字博物馆
系统架构研究与应用

ZHEJIANG UNIVERSITY PRESS
浙江大学出版社

图书在版编目（CIP）数据

中小型博物馆数字博物馆系统架构研究与应用 /
杜美燕主编. -- 杭州：浙江大学出版社，2021.7
ISBN 978-7-308-21447-6

Ⅰ．①中… Ⅱ．①杜… Ⅲ．①数字技术－应用－
博物馆－研究 Ⅳ．①G26-39

中国版本图书馆CIP数据核字（2021）第104892号

中小型博物馆数字博物馆系统架构研究与应用

杜美燕　主编

责任编辑	赵　静
责任校对	胡　畔
装帧设计	林智广告
出版发行	浙江大学出版社
	（杭州市天目山路148号　　邮政编码：310007）
	（网址：http：www.zjupress.com）
排　　版	杭州林智广告有限公司
印　　刷	杭州高腾印务有限公司
开　　本	710 mm×1000 mm　1/16
印　　张	11.25
字　　数	150千
版 印 次	2021年7月第1版　2021年7月第1次印刷
书　　号	ISBN 978-7-308-21447-6
定　　价	48.00元

版权所有　翻印必究　　印装差错　负责调换

浙江大学出版社市场运营中心联系方式：0571-88925591；http://zjdxcbs.tmall.com

目录
CONTENTS

第一部分　探索与实践

研究论文 第二部分

第一部分

探索与实践

第一章

中小型博物馆数字博物馆建设现状

一、中小型博物馆数字博物馆建设成效

随着信息、网络等现代技术的发展，数字资源凭借其超越时空的优势成为信息资源的主导与主体。博物馆界也顺应时代潮流，纷纷进行数字博物馆的建设。然而与大型博物馆相比，中小型博物馆在数字博物馆建设过程中更容易受到各种条件的限制，比如缺乏信息化、数字化专业团队和人员，难以开展数字化建设，致使博物馆动态信息无法及时传递给社会大众，博物馆展览信息、藏品价值信息、解读内容无法实现动态传播，博物馆现场缺乏互动载体，无法让观众"把博物馆带回家"。

虽然面临诸多困境，但中小型博物馆已经普遍意识到数字化建设的重要性，部分中小型博物馆在数字化的具体实施过程中取得了一定的成果，以浙江省中小型博物馆为例，集中体现在以下三个方面。

（一）大部分中小型博物馆已经开展了藏品数字化工作

根据调查，浙江省有 78% 的中小型博物馆已经开展了藏品数字化采集工作，平均拥有数字藏品 3052 件，有 21% 的博物馆的藏品数字化工作已经开展了 10 年以上。采集的数字藏品的资源类型主要为二维图像型资源与文本型资源。

（二）中小型博物馆在实体场馆内普遍利用多媒体技术展示数字藏品

浙江省中小型博物馆基本都使用了不同形式的多媒体设备展示数字藏品，其中，语音导览形式最为普遍，占比达 78%。

（三）大部分中小型博物馆已积极开拓了线上服务功能

根据调查，67% 的博物馆拥有官方网站，这些网站以提供数字展厅服务、高清藏品欣赏服务为主，其次为在线活动预约服务、藏品信息查询服务。微信公众号是博物馆普遍应用的社交媒体平台，各馆均有一定的用户量，平均粉丝数量在 4328 人。

二、存在的问题及其原因分析

综合中小型博物馆数字博物馆建设情况，不难发现，在采集、传播、管理等环节都普遍存在制约其发展的问题。

（一）缺少信息化发展规划

信息化发展规划是博物馆制订的一套对信息化未来发展的全面考量

方案与行动方案，但中小型博物馆普遍缺乏系统性、长远性的信息化发展规划。以浙江省为例，72%的中小型博物馆没有年度的信息化及数字化发展计划，78%的中小型博物馆没有信息化方面的五年发展规划。

人才匮乏及规划意识淡薄是中小型博物馆缺少信息化发展规划的直接原因。大部分中小型博物馆缺乏做系统的信息规划的专业人才。从博物馆内部工作人员的构成上看，信息专职管理人才尤为缺乏。对浙江省中小型博物馆的调研结果显示，仍有61%的博物馆缺乏信息化专职管理人员，且有56%的博物馆尚未对工作人员开展信息化培训工作。由于信息化专业人才的缺乏，中小型博物馆难以开展数字化建设工作。

（二）已采集的数字化藏品图像质量不高

高品质的数字化藏品能够如实反映实体藏品的全部外观信息，具有极高的研究、审美与教育价值，但是中小型博物馆采集的数字化藏品普遍存在图像质量不高的问题。这些数字化藏品往往是静态的二维图像，精度不高，清晰度欠佳。浙江省的相关调研数据显示，在已开展藏品数字化工作的中小型博物馆中，61%的博物馆有二维图像资源，而33%的博物馆仅有三维模型资源。

资金匮乏是造成中小型博物馆采集的数字化藏品图像质量不高的主要原因。资金短缺是中小型博物馆普遍面临的情况，也是技术短缺的根源。一方面，国家对中小型博物馆的财政补贴力度较小。自2008年我国部分博物馆实行免费开放以来，中央财政加大了对免费开放博物馆的财政补贴力度，但从全国范围来看，出现了"强者越强，弱者越弱"的发展态势。中小型博物馆每年得到的常规经费十分有限，通过其他途径申请经费也是困难重重。另一方面，中小型博物馆通过经营文创产业获得的收入微薄。中小型博物馆普遍存在馆藏规模小、馆藏精品少、产品设计与运营人才缺乏、参观人数少等问题，这导致其文创产品的开发与经营都十分薄弱，博物馆难以从文创产业中实现创收。由于资金短缺，中小型博物馆没有能力购买藏品数字化采集设备并招聘专业人才以执行藏品数字化采集的工作，其往往是将这部分工作委托给第三方，这也意味着博物馆难以对藏品数字化采集工作的进展进行直接的监管。同时，由于目前行业内缺少藏品数字化采集的标准，博物馆难以对第三方提出采集工作的要求，也难以对第三方的工作质量进行评估。

（三）数字展示技术陈旧

将新兴的数字技术应用于展览能带给观众更丰富的感官体验，然而，不管是线下的实体展览还是线上的虚拟展览，中小型博物馆运用的数字展示技术都十分陈旧。据调查，浙江省中小型博物馆在实体展览中最常用的是语音导览及图文、视频、触控板等多媒体设备（78%），很少应用数字全景（28%）、全息投影（11%）及裸眼立体展示（6%）等技术。此外，几乎所有浙江省中小型博物馆的线上展览都是基于全景技术对实体展览的"复制"，给观众带来的是有限的沉浸式参观体验。例如宁波博物馆的："走进西域"线上展览虽然是全景环游，但是观众只能通过方向键来观看藏品的二维图像，难以通过走进、放大等操作进行展品细节的欣赏和展厅局部的深入参观，这导致其与实体场馆的参观体验形成较大反差。

资金缺乏仍然是造成中小型博物馆数字展示技术陈旧的主要原因。由于缺乏足够的信息化建设资金，中小型博物馆没有能力对陈旧的数字展示技术进行更新或者引进新兴的数字展示技术。此外，由于缺乏优质的IP资源，中小型博物馆也难以寻求社会力量的帮助，以从中获得技术支持与合作机会。一些大型博物馆会充分利用自己的馆藏 IP 优势与各大互联网企业进行合作，如百度主导的百度数字博物馆、腾讯主导的"博物官"三维文物小程序及淘宝主导的"云春游博物馆"等。然而，中小型博物馆普遍存在馆藏资源不丰富及对藏品信息缺少深入挖掘等问题，这导致其尚未树立自己的馆藏 IP 优势。对浙江省中小型博物馆的调研显示，67% 的博物馆尚未进行藏品价值挖掘工作，67% 的博物馆缺少知识资源储备，50% 的博物馆没有发表过论文，78% 的博物馆没有申报过课题。

（四）尚未充分发挥线上服务功能

部分中小型博物馆尚未建立自己的网站，而已经有网站的博物馆，网站样式雷同，缺乏特色，以发布实体博物馆各类资讯为主，没有深入考虑观众的访问动机，因此难以满足观众的访问需求。以 2016 年开馆的台州博物馆为例，其官网设置了"走进台博""新闻资讯""陈列展览""宣教活动""志愿服务""数字展厅""学术研究"等七个板块，以发布实体博物馆各类活动讯息为主要内容，以图文和全景为主要展示形式。与国内一些大型博物馆的网站相比，台州博物馆网站的展示内容和展示形式略显单调。同时，中小型博物馆没有充分利用社交媒体平台和观众建立起双向交流。调查发现，尽管 94% 的浙江省中小型博物馆已经拥有了自己的微信公众号，44% 的中小型博物馆拥有官方微博，但这些平台仅被用于发布各种公告。

线上服务建设规划的不足是中小型博物馆不能充分发挥线上服务功能的主要原因。在网站建设方面，中小型博物馆没有根据博物馆与观众双方的需求明确清晰的网站定位，更没有紧紧围绕网站定位形成具体的建设方案，这导致中小型博物馆的网站没有体现自身特色，也难以吸引观众。在社交媒体平台建设方面，中小型博物馆没有认识到社交媒体平台的特性，尤其是社交媒体平台允许馆方与观众进行双向交流的特征，这导致博物馆在依托社交媒体平台进行线上服务建设的时候，仍然走将信息单向传输给观众的道路。最后，对网站的定位不明确、对各类社交媒体平台的认识不充分也导致中小型博物馆难以将各类线上服务进行整合与利用。

（五）尚未建成覆盖全工作流的信息管理系统

中小型博物馆普遍存在信息管理系统建设不完善的现象，其信息管理系统架构尚未覆盖到博物馆工作的各个环节，这阻碍了博物馆工作由"经验驱动"到"数据驱动"的转变。此外，各个中小型博物馆对信息管理系统的需求有所差异。从对浙江省中小型博物馆的调研情况来看，83%的博物馆认为藏品信息管理系统是他们目前最需要的系统，61%的博物馆认为陈列展览管理系统是他们目前最需要的系统，56%的博物馆认为研究档案管理系统、智能安保安防管理系统是他们目前最需要的系统，50%的博物馆认为文物修复保护管理系统、社教活动管理系统、客流管理系统是他们目前最需要的系统。

博物馆信息管理系统建设标准的缺乏是中小型博物馆信息管理系统建设不完善的主要原因之一。目前行业内仍然缺少博物馆信息管理系统架构的统一标准，而中小型博物馆在进行信息管理系统建设时没有可供参考的模板，这大大增加了其在具体建设过程中的难度。此外，对信息管理系统需求上的差异主要源于各馆信息化建设的历史不同。不同的中小型博物馆的信息化建设开始时间各有不同。一般来说，信息化建设时间长的博物馆要比信息化建设时间短的博物馆在博物馆的数字化方面更加成熟。因此，信息化建设开始时间不同的博物馆所处的信息化建设阶段不同，对信息化管理系统的需求及需求的侧重点也有所不同。

第二章

中小型博物馆数字博物馆建设提升策略

一、打造博物馆优质 IP

　　首先，需要意识到参观博物馆已成为文化新消费。当前我国文化发展环境已经发生巨大变化，表现为：文化消费升级，人们期待更加个性化和品质化的文化产品；科技改变生活，越来越多的国人通过互联网和移动终端进行文化消费；人们参与文化生产的意愿和积极性正在增强。这就要求文化治理应注重引导沟通、"以法治文"，注重以数字化和互联网思维来审视及推进文化生产。但当前文化治理方式还侧重于单一的行政管理，明显滞后于文化精品生产的客观需求。其次，优化文化发展模式。过去一段时间，我国文化产业获得了爆发式增长，但整体还处于粗放状态，文化全要素生产率并不高。最后，完善文化发展生态。文化精品生产的扶持机制、考核评估机制、评奖激励机制、宣传推广机制、人才培养机制、政府购买服务机制等尚未健全，还没有形成文化精品生产的责任共同体和文化发展生态体系。

打造博物馆文化消费环境，需要本着以人为本的原则，采用智能化、信息化管理系统，结合文物、展览，以观众为服务核心，强调环境利益、消费者利益和企业自身利益的有机统一；提供"互联网＋交互"功能，提高公众的互动参与性，让公众通过智能手机即可获取信息及展览服务，并可通过互联网提出建议与要求；以"互联网＋文化"传播引导应用，及时传播文物知识点与展览看点，加强文物内容与应用终端功能的融合；倡导"互联网＋消费"，为观众提供文化消费场景与文化产品消费途径；引导公众通过参观展览建立"互联网＋学习"的模式，改变文化消费的观念，提升文化产品消费的意识。

其次，通过博物馆品牌扩大社会影响力。博物馆最大的精神产品是博物馆藏品、博物馆陈列、博物馆图书、博物馆社会教育活动等。文创产品应该是博物馆主要精神产品的衍生品，应该服从和服务于博物馆社会教育目标，应该有利于维护和提升博物馆品牌，有利于满足公众的精神文化需求。

博物馆品牌传播的特点是将博物馆中的价值、文化和个性构成品牌的实质。一个成功的博物馆品牌始终要以公众为核心，以更好地满足观众需求为导向。既要满足公众不断更新的个体期望值，也要适应博物馆整体品牌传播的规律。博物馆所蕴含的文化资源即为传播的内核。

因在时间、空间与展示形式上的局限性，实体博物馆的大量藏品没有机会展出，这制约了博物馆社会教育和文化传播能力的发挥。随着科技的进步、移动互联网的兴起与发展，以博物馆业务需求为核心，以不断创新的技术手段为支撑，线上线下相结合的新型博物馆发展模式将大有前景。随着《博物馆条例》的实施和建设现代博物馆体系要求的提出，要增强博物馆的公共服务功能，提升社会教育水平，需要利用互联网思维传播品牌价值、提升品牌影响力。

中小型博物馆需要根据品牌传播的四大要素，即传播主体、对象、渠道和内容来构建适合自身的品牌传播体系，特别是利用新媒体和移动互联网实现品牌传播价值。新媒体相对于传统媒体的最大特点是消除了空间概念，迅速拉近了博物馆与公众之间的距离，由于公众自主性强，可以按照自己的意愿选择信息，新媒体所传播的文化资源能够引发公众的兴趣和思考，并让其通过网络自由获取。新媒体的针对性更强，信息的获取更加直接，信息传播的时效性更强，可供公众选择的内容更丰富。借助网络资源的力量，展览、藏品、资讯、活动信息能全面、精彩地在传播路径上与公众实现直接对接，同时实现热度延续。值得注意的是，博物馆在通过新媒体手段建设自媒体时需要着重考虑服务功能，为公众提供优质便利的现代化信息服务。当公众与博物馆建立起倾听、交流和回应的循环关系时，双方就可以随时进行交互式沟通，一旦博物馆信息被需要被追随，品牌效应就会自然形成。

社交媒体的口口相传比一般性的广告宣传更加快速有效，最重要的是值得信赖。自媒体是一种传播渠道，公众在博物馆中的体验会经由他们自身传播到其他公众群体，产生蝴蝶效应。

那么博物馆品牌定位从何而来？从公众的角度来分析，由于个人喜好和需求不同，公众对博物馆的期待值及博物馆所营造出的传播价值符合"使用与满足"理论。公众会在博物馆中找到自己钟情的体验，使博物馆赢得认同，真正的品牌分享者会在社交媒体上表达自己的态度，这对品牌推广有明显影响，所以博物馆品牌传播具有非常明显的口碑效应。

IP（Intellectual Property）是指基于智力的创造性活动所产生的权利。2007年国际博物馆协会（ICOM）通过决议，支持世界知识产权组织（WIPO）及相关组织实施新的公约来保护世界传统文化表现形式与传统知识的相关权利人的集体精神权利，同年 WIPO 发布了《博物馆知识产权管理指南》（*Guide on Managing Intellectual Property for Museum*，以下简称《指南》)。《指南》旨在帮助博物馆利用知识产权加强和改善对文物的利用，并将博物馆知识产权界定为版权、商标权、专利权、网络域名和工业设计权等五大类。随着互联网技术对博物馆的影响越来越深刻，2013 年的新版《指南》对知识产权的分类进行了修改，将专利权扩充为专利权与商业秘密，网络域名则扩充为网络域名和其他与社交媒体相关的标识形式。

随着经济及社会的发展，IP 的概念不断扩展。从内容来看，其主要包括作品、创意和符号等；从权利来看，IP 是指各类文化产品所享有的知识产权，根据不同产品形式对应版权、邻接权、商标权；从价值开发来看，是强调 IP 的产业链运营过程，在对 IP 进行跨平台改编和营销的过程中增加 IP 的商业价值。

博物馆拥有的知识产权是博物馆员工通过职务活动产生的精神产品，例如博物馆藏品研究成果、博物馆陈列设计方案、博物馆员工职务创作的影视作品及三维物品的摄影图像、博物馆的品牌图形（文字及标识）、其他利用博物馆藏品或知识产权而取得的衍生精神产品，以及博物馆根据合同取得的其他组织或个人基于博物馆品牌或博物馆藏品等资源创作的精神产品，如展陈设计图、演示动画、导览图、社交媒体小程序、管理系统等。当 IP 发展到一定阶段，就可以开始进行授权等商业化探索，通过动画、游戏、舞台剧、网络剧、周边等多种形式，发展出更多更广泛的付费用户，在验证 IP 价值的同时也能进一步吸引更多领域的粉丝。

博物馆从诞生之日起，就具有自身特色，如区域特色、专业特色、收藏特色。博物馆品牌定位包含以下内容：IP 发展战略目标定位、IP 整体规划打造、品牌打造流程制定、具体操作细则制定。博物馆 IP 开发需要多个部门相互合作，要有大的视野，将博物馆 IP 运营置于整个博物馆运营发展中，需要文创、公共教育、学术研究等部门共同发力来协作完成。

博物馆明确定位之后，需根据定位进行 IP 策划。策划内容，要结合自身特色和基本陈列，从自然、人文、馆藏、"非遗"、名人、特别事件等方面选题，既可根据博物馆人员力量自己策划，也可委托专业团队共同策划。

IP 是承载了粉丝情感的、具有在不同平台上进行多种形式产品开发潜力的，并由此可为企业带来商业利益的原创作品。IP 运营是指运营者发现或打造一个有影响力的原创作品，并以原创作品为基础，运用相应资源尽可能地开发其他可获利的产品形式，通过多种媒介平台广泛传播，以实现 IP 商业价值的最大化。

在 IP 内容打造上，要采用差异化策略，从众多同质化产品、项目中跳脱出来。IP 生命力的核心是强大而丰富的创意性内容，应结合博物馆品牌传播体系，不断迭代升级。每年的临时展览安排主题衍生的内容，不断积累展品、内容线索、素材等，打造符合博物馆气质的与众不同的宣传片；打造全新系列动画，以短小精悍的内容在网络中形成病毒式传播；依据博物馆自身特质，开发不同层次、不同方式的课程。具有博物馆特色的衍生产品开发，要从不同主题、类别、文化等方面进行挖掘，通过手绘本，以轻松柔化的方式诠释故事、文化等内容，围绕有趣的故事，展开丰富联想，进行老少皆宜的舞台剧创作，并可将其作为博物馆的固定演出。

二、促进资源汇聚

中国作家刘慈欣的《三体》似乎可以完美地诠释博物馆发展中三个重要的目标：体系、体验、体温。"三体"的核心是 IP 产品，产品开发对于博物馆而言已经不是简单的复制，而是围绕着展出、活动、教育提供 360 度全方位的 IP 产品体系。从内容的角度而言，体系是博物馆文创必不可少的，在对外观进行创意设计的同时不忘传达理念；从接受的角度来说，要利用多种形式来创造特色产品体验；从人性的角度来说，则需要有独特的人文体温，真正体现出文创的温度。这"三体"相辅相成，缺一不可。

博物馆 IP 授权并不是以博物馆藏品为载体的标的物的授权，而是以博物馆所体现的原创文化为核心的授权，因此博物馆的 IP 授权是一个整体性的价值生产与再生产系统，授权的成功与否与博物馆藏品的数量及其珍稀程度并无必然的关系。授权要基于自身丰富的文化资源，将藏品研究、资料整理、资源汇聚等基础工作做深、做细，为授权做好铺垫。

博物馆是以教育、研究和欣赏为目的，收藏、保护并向公众展示人类活动和自然环境的见证物，经登记管理机关依法登记的非营利组织。博物馆作为文化资源的聚集地和存储场所，不仅仅是具有收藏、研究、展示、教育功能的公共文化机构，更应该成为满足社会大众精神文化产品和文化消费需求的生产者。中小型博物馆的资源汇聚及品牌积累应抓住重点，紧紧围绕教育、研究、欣赏三大关键模块展开。

随着经济的快速发展，科学技术转化为生产力的周期不断缩短，社会变革日新月异，博物馆所处的社会环境早已发生很大变化。当代博物馆理念更新的特点之一就是社会教育在博物馆工作业务中扮演越来越重要的角色。博物馆工作的侧重点也从藏品收藏保护、展览向社教业务转移，从传统的"以物为本"，着重征集、保护实物，逐步转型为"以人为本"，着重提高文物的利用率，让文物"活"起来，诠释文物所体现的人类精神，做到透物见人、见精神。

（一）教育: 构建"五合一"博物馆课程体系

博物馆资源丰富，能够有效拓展学生的学习领域，让每一个学生从课堂走到课外，从校园到博物馆，真正打破学习空间和时间的界限，从而改变学习方式，引导学生从被动学习转变为主动探究，让每一个学生都真实地参与到学习中，走到哪里便学到哪里。博物馆课程能够培养学生多学科知识综合运用的能力。在博物馆课程开发的过程中，要打破学科壁垒，强调多学科知识的交叉运用，培养学生对知识的综合运用能力。博物馆课程能够增加学生多学科的知识积累，丰富其生活所需要的经验与见识，对学生长远发展所需要的各种能力与素养的培养，乃至情感、态度、价值观的建立都具有深远的教育意义。

围绕博物馆价值体现，并结合少年儿童认知及心理特点，从博物馆文物文化价值内涵挖掘、知识体系线索整理、自主多元探究学习、实践能力综合运用、思维成长创意物化等环节，设计"五合一"博物馆课程体系。

1. 课程教案

课程教案结合教学活动的开展及学生的实际情况，根据课程目标，以课时或课题为单位，对教学内容、教学步骤、教学方法等进行具体设计和安排，包括教学目标、课时设计、课型、教学方法、教学过程、归纳小结、作业布置等。为孩子提供比较完整、系统和准确的知识内容，课时分别安排在学校和博物馆，以激发孩子的灵感，培养孩子的专业兴趣，为孩子打开众多知识的窗口，让其见多识广，活跃思维。

2. 配套教材

配套教材依托博物馆丰富的藏品资源，结合博物馆特色和教育主题进行策划，贯穿小学阶段学习的全过程。教材需要把握中华传统文化精髓，系统梳理中华民族在人类发展过程中的重大发明和为推动世界文明发展所做的突出贡献。教材内容丰富独到，体例编排科学合理，突出实践性，结合小学阶段实际需要组织活动内容，提供学生自主学习的线索，调动全日制小学阶段全学科知识，使学生获得实践能力的提高和个性思维的发展。

3. 课程教具

课程教具指配套课程开发的动手操作工具、体验式工具、模型等。课程教具打破了博物馆以看和听为主的传统的展示学习方式，具有灵活多样、参与性强、体验深刻等特点。课程教具能锻炼学生的动手能力，培养专注力，拓展观察能力和思维能力。同时，在活动中培养分工合作的精神，鼓励学生在最短的时间制订合作方案，使活动具有挑战性和趣味性，在实践中将知识、技能、思想、方法等传授给学生。所谓"纸上得来终觉浅，绝知此事要躬行"，体验式学习将成为整个学习过程的重要部分。

4. 补充教辅

补充教辅指配套提供给学生的与主题课程相关的课外读物和展览、文物数字资源，旨在培养学生的学习观察力，使其进一步发现自己感兴趣的知识点，扩大知识面，为探究式学习提供良好的环境。

5. 创意活动

在课程结束后，兴趣爱好不同的孩子可以在其中找到自己感兴趣的内容，通过有趣有益的作业设计，让孩子们思维成长的过程得以沉淀和展示。通过各类活动，展示孩子的才艺，在展示过程中，孩子通过作品表达对文化价值的多元理解，展示其闪光点。

（二）研究：挖掘藏品背后的故事

藏品是现阶段自然和人类发展的见证，具有非常丰富的文化价值。博物馆文物藏品关系到博物馆的业务基础，博物馆文物藏品管理是博物馆的立身之本。博物馆的物是一种物质文化遗产，博物馆收藏它不是强调其实用性，而是强调其代表的意义。博物馆的物是物化的观念，博物馆应该把重点放在阐释物背后的意义上，挖掘藏品背后的故事，找出藏品的意义，使观众去感知、认知文物。

人们的学习方式、方法多种多样，但从故事中学习、传递知识，则是全人类都可以接受的。讲故事已成为人们构建复杂知识体系的首选方式，也是博物馆展览文物、普及科学文化知识的首选方式。讲故事最能够激发公众的兴趣，也最吸引人。人类就是听故事长大的，通过故事可以把复杂的概念变得简单，把一些专业名词、科学道理放在故事里去讲，就会入脑入心，从而激发观众的想象力，引起共鸣，最终触及心灵，直抵灵魂深处。

故事是人类几千年来得以繁衍的精神基础，是人类长期劳作的经验之总结，通过讲故事，不同群体、不同语言、不同时代的人可以相互理解、相互联系，其在丰富我们精神世界的同时也鼓舞着人类继续向未来前进。而博物馆堪称是一部综合性的百科全书，储藏着人类发展的各个阶段的实物，其背后的精彩故事非常多。但目前很多博物馆在藏品研究方向上比较片面，历史文物类的藏品大多从器物类型学的角度进行研究，对文物背后的故事、人物及其反映出来的精神世界挖掘不够。这就导致在展览、教育和宣传上，核心故事的叙述不够充分，展览不吸引人，更别提和观众产生共鸣了。

博物馆应该利用好自己收藏的故事库，重视讲故事，吸引观众走进博物馆。要塑造品牌形象，必须挖掘产品背后的故事，引起消费者的情感共鸣，进而使其发自内心地接受它、喜欢它。博物馆的每件文物背后都有深刻的历史内涵和故事。这些文物，有的自带光环，已经获得广泛认知；有的其历史故事和片段不被大众所熟知，需要结合当下的语境进行再创造、再包装，赋予它新时代的故事背景和意义。

随着网络的快速发展，目前人们获取知识并不一定要去博物馆，在网络上查到的资料甚至有时比在博物馆学到的还要详细，所以博物馆传统灌输式的讲解方式已完全跟不上社会发展的节奏。博物馆教育正在从知识的灌输向知识的体验发展，博物馆教育的知识价值正在逐步向情感价值深化，博物馆藏品的文化意蕴正在得到开发。目前，大家更喜欢的是那些能讲述故事并带领观众踏上发现之旅的博物馆。这类博物馆是最吸引观众的，也是最能让观众学到知识、受到启发和思考的。博物馆界早就提出要把博物馆教育改称为博物馆体验，这其实是对博物馆教育功能的深化和发展。

（三）研究：提高馆藏文物收藏管理能力

20世纪90年代中期，国际博物馆协会博物馆学委员会前主席、瑞士学者马丁·施尔认为，应该致力于研究人和物的关系，这点是最重要的。博物馆收藏实物首先是为了服务社会。

从2017年第四届世界互联网大会上的"互联网＋中华文明"成果展走红之后，在2018年4月下旬举办的首届数字中国建设峰会上，国家文物局局长刘玉珠讲道，"数字化进程正从经济领域向社会各个领域迅速扩展，文物领域不应也不能在数字中国建设中缺席，要在时代发展的潮流中发展"，"文物数字化建设有希望成为很具成长性的广阔蓝海。'中国文物＋信息＋互联网界'要联手创造文物数字化的'中国样本'和'中国方案'。"

国家文物局在《国家文物局办公室关于加强可移动文物预防性保护和数字化保护利用工作的通知》中要求重视有关标准、技术的研究、应用和推广，建立完善预防性保护体系，抑制各种不利的环境因素对文物的危害，要结合"互联网＋中华文明"行动计划推进工作，利用现代信息技术，系统完整地保存文物及相关信息，多渠道推广和传播文物资源。

博物馆藏品管理，要按照浙江省统一的管理规范和现行各类库保业务操作凭证样板开发业务管理系统。主要功能包括藏品的入库、入馆、入藏等基础类业务应用及与各业务部门相关的提借、点交、归还等支撑类业务应用，针对藏品的全生命周期进行管理，并提供全维度的信息检索、藏品档案自动生成、总账自动生成、界面个性控制等智能化应用操作功能，为博物馆藏品管理精准化、业务操作规范化提供技术基础。

博物馆数字资源管理是将相关数字化资源，包括文物本体数据资源，如图片、音频、视频、三维模型、文字描述等，以及博物馆数字化保护相关知识资源，如多媒体前端展示内容、活动照片、展陈设计方案等进行统一管理、统一运营、统一利用，发挥资源价值。台湾地区"数字典藏科技计划"，将重要的文物典藏数字化，建立数字典藏档案，厂商运用数字典藏素材，结合研发、设计、销售、服务等，创造具有附加价值的商品和创新服务，使数字典藏影响力普及社会大众，也促进企业成长。

数字典藏不仅是文物本体数字资源及相关信息的收集，还包括藏品档案、工作年鉴等，博物馆要像收集藏品一样对待数字典藏。博物馆汇聚数字资源，可以形成数字资产。早在20世纪末，哈里斯就在《数字化资产：21世纪的货币》中揭示了数字内容所蕴藏的巨大的经济价值。博物馆的IP内容数字化也使其更容易被搜索、复制并转化成为其他形式的产品。互联网的发布与交流模式也给博物馆授权节省了时间，减少了沟通成本。

博物馆应用高新技术和科技手段，构建起具有标准化、开放式、跨媒体（图像、文本、多尺度模型、视频等）、跨终端（PC、手机、其他移动终端等）服务特色的数字化（AI）博物馆，提升博物馆管理水平，提高管理效率，将藏品、文献、展览等文化遗产资源进行数字化，形成可以方便使用的数字资源，通过互联网、移动物联方式，更有效地传播文化遗产，为社会提供公共服务。

（四）欣赏：以观众为中心提供服务

随着生活水平及审美情趣的提高，人们对文物表现出越来越浓厚的欣赏兴趣。但是由于专业的局限，在欣赏文物的过程中，大多数人需要借助专业讲解和解读，才能对文物进行深层次的了解与鉴别。

从观众欣赏的角度来说，面对一件件文物，知识性是其最基本的特征。一件件精美的文物吸引着他们，使他们迫切地想要了解文物的年代、地点、制作工艺特点和其所代表的文化类型等。只有了解了这些，他们才可能对面前的文物有一个整体把握，进而上升到理性的认识。当然，普通观众参观博物馆的着眼点并不在于学习文物知识，一时也无法记下那么多的文物知识，而只是感性地来观赏文物。

趣味性是观众欣赏心理的第二个基本特征。这一点，又正是由被欣赏对象本身所具有的艺术性所决定的。比如，绚丽多彩的纹饰和千姿百态的造型，能使观众为先民们丰富的想象力和创造力所感动。从这个意义上讲，一件文物就是一首诗，一个音符，一种造型艺术。而观众正是从这里更具体细致、生动深刻地满足其欣赏愿望。

观众欣赏心理的第三个特征，是较高层次的，而只有在知识性、趣味性的基础上，观众才能够真正了解文物的科学价值、艺术价值、历史价值和现实意义，才能进行鉴别和欣赏。也就是说，通过对文物全部价值的把握，观众才能够了解古代社会历史发展的奥秘、我们祖先的创造才能和祖国的辉煌历史，由此得到智慧的启迪、心灵的安慰、良知的培育和力量的鼓舞。经过理性的知识储备和感性的艺术想象，最终上升到感性与理性的统一、知识与趣味的统一，从而使欣赏心理得到极大满足。

（五）欣赏：围绕 IP 主题策划展览

博物馆教育一般是通过展览来实现的，这就要求博物馆做好展览展示工作，也就是要讲好故事，用讲故事的方法来构建展览体系，这样可以使观众更容易理解展览，融入其中。从 20 世纪 80 年代开始，在博物馆展览"以物为本"逐渐转变为"以人为本"的过程中，展览的叙事结构也发生了改变，博物馆不再是单个的文物展，而是把看似不相关的文物甚至不同类型的文物，通过一条清晰的线索串联起来，形成一个主题明确的展览，这就催生了专题展、主题展。博物馆展览经历了一个从物到人、从物到事的转变，开始把文物串起来讲故事了。

博物馆以实物展览教育为主，一般是区域性或者专题性知识的普及，这一点区别于其他机构。展览教育的形式、空间、现场感等都不同于学校教育，博物馆展览教育中既有丰富的实物资源，又有先进的科技展示手段，更加形象、生动，现场感更强，更加能够吸引观众学习，通过互动让观众主动参与进来。新科技手段越来越丰富，知识的普及传播已不再是教者向受教者的单向传递，而是一种双向交流、互动学习。博物馆教育的目的已经不再是"教"，而是帮助观众主动地"学"，博物馆已经演变成一个为观众自我学习、主动学习提供服务的场所。

博物馆文物配合辅助的多媒体展示手段和设备组成的展览展示，能很好地让观众同博物馆进行交流与互动，全方位、持续性地调动观众的兴趣，引导他们在展厅中进行"自助式"学习或者主动学习，这正是新型博物馆教育所追求的。博物馆并不是一个强制性的教育机构，博物馆的社教人员也不像学校的老师那样具有主导地位，其所提供的展览、讲解、社教活动更多的是引导性的，没有"灌输"的强制、时间的束缚和"分数"的约束，观众在参观博物馆时有较大的自由性和自主性。

将 IP 转化为用于展览的主题素材和核心故事线，是 IP 在博物馆中最直接的使用方式。知名博物馆经常会利用著名 IP 做卖点举办大型特展。这个 IP 不限于博物馆自身拥有，还属于公共领域或第三方，常常是多方合作的产物。展览的主题往往来自大众心目中有着重要文化地位的著名人物或作品，因此这些展览常常会引起社会的广泛关注与媒体的热烈讨论，经常出现未展先热的情况，如凡·高、莫奈、塞尚等热门艺术家的展览，配合画家的诞辰纪念等重要时机推出的特展，以及配套的相关衍生产品、教育活动等。由中日联合推出的大三国志展，以三国这个在东亚文化圈内耳熟能详的 IP 为主题，结合了中国 34 家博物馆 100 余件相关文物，展览在两国引起了轰动效应，光在日本的参观量就达到了 100 万人次，创下了中国文物展览在日本展出观众最多的纪录。以 IP 为主题的展览让观众对展览中实物的关注转向了对主题概念、核心精神的关注。

（六）欣赏："互联网＋"展览永不落幕

传统的博物馆是通过给参观者展示实实在在的展品，使参观者从实物中感受历史的沉淀，观赏展品的各种工艺，这是实体博物馆的优势，但同时也是其不足的地方。实体博物馆受时间和空间的限制，有开馆、闭馆的时间要求，参观者不能随时随地观赏到想参观的内容；受空间的限制，一些展品不能被展出；还有一些参观者受地域的限制，没有机会到现场进行实地的参观等，这些问题都是传统博物馆所不能解决的。而数字化技术的应用使博物馆的这些问题轻而易举地得以解决，数字化技术突破了时间和空间的限制，使观众实现了"实时实地"参观的可能。数字博物馆通过数字技术，将藏品的各种数据和影像资料上传到网络，使实体博物馆中的展览品被完整地、全方位地展示出来，参观者可以在网络虚拟空间中进行随意的观赏，同时了解每件展览品的历史背景和背后的故事，了解它所代表的中国传统文化。

"互联网＋"展览是利用互联网技术和信息通信技术，将虚拟博物馆嫁接到移动终端和智能终端设备上，使其成为一个可以移动的博物馆。互联网的普及力度不断加大，5G商用和Wi-Fi的免费覆盖，加上智能手机的普遍应用，给博物馆移动化、互联网化奠定了基础。参观者可以查看相关的历史知识和文化背景，还能参与互动知识问答，方式灵活又新颖，让平时没有时间和机会走进博物馆的观众动动手指就能感受到历史文化与现代科技的结合，让观众零距离地触摸历史、感受历史，实现了分享式的互动体验。

"互联网＋中华文明"行动计划是国家在文化领域常年推进的一项重要工程。由国家文物局主办，浙江省文旅厅、浙江省文物局、浙江大学承办的"互联网＋中华文明"展览已经连续三年在乌镇世界互联网大会上展示，取得了良好成效，受到了行业内外的高度关注。2019 年第六届世界互联网大会"互联网＋中华文明"展形式定位为"多地协同、永不落幕"，即主场馆与五家分场馆（浙江省博物馆、杭州博物馆、温州博物馆、良渚博物院、浙江大学艺术与考古博物馆）同时开展，乌镇展览结束后，分场馆展览永不落幕，同时开通了"互联网＋中华文明"服务平台，中小型博物馆可以借助此平台和博物馆公共服务综合平台等力量，展示本馆的数字资源内容。

特雷弗·卡米高在《多媒体时代下的博物馆与知识产权》中指出："博物馆的 IP 是其对自身拥有的财产的具象化。"就本质而言，它广泛地包含了藏品、出版物、数据库、CD 光盘、相片及图像、电影、录像制品及音像制品等。除了这些大类之外，博物馆还存在着许多子分类，极大地扩展了博物馆 IP 的范围。

每个中小型博物馆都可以汇聚自己的特色资源，建立自己的主题资源库。其中主题数据采集与整理是数据库建设的关键。各类主题数据库类型与表现形式差异较大，需根据数据的特点制定采集与整理的方法及工作细则。数据采集需按主题数据的行业标准或业内约定俗成的数据规范预先设计采集元素，制定元数据标准和采集工作细则，保证采集的数据符合标准规范，避免数据缺失或过度采集。

数据采集需要考虑如下内容。①数据采集目标：通过资源特色比较，确定数据采集目标；②数据采集内容：通过资源内容分析，确定与元数据标准相关的各个元素；③数据采集方法：通过采集方法测试，确定合适的数据来源与数据制作方式；④数据采集管理：通过采集人员安排，制定相应的工作规范与工作流程。

数据管理需要考虑如下内容：①数据版权规定：与合作方讨论，确认界定数据的所有权与使用权；②数据内容规范：制定元数据标准与元数据实施工作规范；③数据内容录入：根据元数据标准，录入数字资源；④数据内容存储：规划落实数字资源与数据的存储；⑤数据服务测试：完成数据测试与数据服务测试。

具体落实到工作中，资源汇聚需要从地域范围、时间跨度进行思考，制定资源分类表和内容采集表，以青瓷资源库为例，见表1、表2。

表1 青瓷研究资源库资源分类

资源类型	收集内容	收集范围	地域	时间	资源格式
考古报告	分布、遗址与墓葬中出土的青瓷文物	唐代的越窑，宋代的龙泉窑、官窑、汝窑、耀州窑，以及各省市出土的文物	中国	历代	文档
青瓷作品图集	青瓷历代代表作	唐代的越窑，宋代的龙泉窑、官窑、汝窑、耀州窑，以及各省市出土的文物图像	中国	历代	图像
青瓷工艺	工艺技术	压坯 注浆 脱模 印坯 修坯 手工修坯 粘接 刻洗 素烧 上釉 刨底 烧成	中国	历代	文档

资源类型	收集内容	收集范围	地域	时间	资源格式
研究文献	青瓷历史文化研究、地理环境研究、工艺特色研究等	学术专著 学位论文 会议论文 考古报告 考察报告 期刊杂志 展览图录	国内外	历代	文档
代表人物	工艺大师	历代青瓷工艺大师	中国	历代	文档、图像
地图	国内青瓷生产分布图	唐代的越窑，宋代的龙泉窑、官窑、汝窑、耀州窑，以及各省市青瓷出土及目前生产分布	中国	历代	地图
数字化保护	青瓷修复与保护	青瓷数字化与实物修复	国内外	现代	文档

表 2　青瓷研究资源内容采集

内容分类	主题词	采集源
青瓷种类及分布	越窑	同方 CNKI 鼎秀古籍全文检索平台 超星电子书 Artlib 世界艺术鉴赏库 艺拍全球艺术品指数网
	龙泉窑	
	官窑	
	汝窑	
	耀州窑	
	其他	

续表

内容分类	主题词	采集源
青瓷工艺	压坯	同方 CNKI 鼎秀古籍全文检索平台 超星电子书 Artlib 世界艺术鉴赏库 艺拍全球艺术品指数网
	注浆	
	脱模	
	印坯	
	修坯	
	手工修坯	
	粘接	
	刻洗	
	素烧	
	上釉	
	刨底	
	烧成	
青瓷研究文献	历史文化	同方 CNKI 鼎秀古籍全文检索平台 超星电子书 Artlib 世界艺术鉴赏库 艺拍全球艺术品指数网
	地理环境	
	工艺技术	
	名人名家	
	数字化保护与修复	
	其他	
青瓷历代代表作及工艺大师	历代青瓷代表作及代表人物介绍	同方 CNKI 鼎秀古籍全文检索平台 超星电子书 Artlib 世界艺术鉴赏库 艺拍全球艺术品指数网
青瓷数字化保护与修复	数字化研究	同方 CNKI 鼎秀古籍全文检索平台 超星电子书 Artlib 世界艺术鉴赏库 艺拍全球艺术品指数网
	实物修复技术研究	

三、促进品牌积累

针对人们不仅仅参观展览、观赏文物，还需要"把文物带回家"、持续获得精神文化愉悦这些时代新需求。博物馆通过 IP 运作，可以在实现传统文化创造性转化的同时，获得一定的经济收益，将拥有的商标、品牌、藏品形象及内容授予被授权者，进而进行文创衍生品的开发、售卖，博物馆按约定，获得相应的权利金。这也为博物馆的可持续发展提供了动力，实现了博物馆社会效益与经济效益的相互赋能。中小型博物馆藏品资源虽然不够丰富，但也可根据本馆特色打造自己独有的文化 IP 标签，并系统性地创建与积累、凝练特色主题，举办特色巡展，打造明星文物。

中小型博物馆藏品种类少、规模小，很难与大型博物馆相比较，但是其也有着独特的优势。风土人情的不同，造成了地方文化的差异，各地市级博物馆大都有能代表地方特色的文物。可以利用这一优势，举办反映地区特色文化、社会历史、风土人情等的特色展览，在展览策划中需要深度挖掘馆藏文物价值，打造明星文物。在特色展览中对明星文物进行内容资源的重构，挖掘其背后的故事，进一步提升明星文物的品牌效应。同时将当地的旅游资源纳入整体展览策划的需求中。

在确定本馆的文化特色主题后，同时关注相关博物馆相关主题的临时展览，加强馆际交流，配合原创展览，引入主题相关的精品展览，如主题和线索上有互补、能互相提升的展览。同时需要充分调动社会各方面的力量共同参与到博物馆事业中，如加强馆际交流，共同举办知识讲座、共享展览等。中小型博物馆可以采取"请进来，走出去"的方式，把本馆有特色的陈列展览推荐给他馆，并主动引进好的展览。这样不但能丰富展览内容，也能为中小型博物馆的发展开拓更为广阔的空间，进一步强化展览输出的文化 IP，加强公众对文化 IP 的认知度。

（一）配套主题活动，开发多类型衍生产品和形象代言

利用节假日举办展览主题文化活动，通过书法、绘画、工艺等多种艺术手段在青少年和家庭单元中传播其展览文化品牌，如得到文广新局、教育局等部门的支持，活动还可以延伸到校园、文化礼堂，使得文化品牌得到更大范围的共享。

围绕展览开发主题内容绘本及读本，确定主题 IP 及人物造型，将展览文化输出品牌固化，形成虚拟人物和文化精神。绘本要结合不同年龄阶段的孩子对于知识的理解能力进行设计，挑选能引起孩子兴趣、知识性和趣味性结合较好的文物进行探索和解读。绘本以文物服务于故事性进行创作，目的是引起孩子们的兴趣，帮助孩子们在头脑中构建画面，使他们迅速了解主题，进入学习状态。结合绘本还可开发一系列主题课程，将知识灌输转化为系统性的教育输出。绘本源自馆藏的文物，可结合故事情节设计人物和特有的场景，以提升故事的可看性和戏剧性效果，拉近与小观众间的距离，使其在读完故事的同时，对人物和文物有自己的一份认知和喜爱。

（二）加强宣传推广，打造区域品牌，拓宽营销渠道

现代社会信息化高速发展，公众获取信息的途径也更加多元，通过新媒体、网络平台等获取知识已成为群众喜闻乐见的方式之一。中小型博物馆也应顺应潮流，改变传统的以实地参观为主要形式的教育方式，加强与新闻媒体，如电视台、报纸、杂志等的沟通合作，或者借助微信、

微博、网站等进行宣传，强化社会教育。

博物馆可与当地的旅游行业对接，在公共空间放置宣传物品；还可充分利用资源，拓展宣传渠道，多与当地的社会单位、企业、团体合作，丰富馆内活动，从而增加馆内人流量，扩大影响力。博物馆应深层次地挖掘藏品内涵，明确最具代表性文物藏品的文化价值，并在此基础上，注意结合当地特色文化资源，严控质量，开发出特色文化创意产品，增强产品的竞争力和辨识度，为构建地区特色文化品牌打下基础。

博物馆可根据自身条件，优化馆内文创商店设置，合理划分商铺功能区，完善服务设施，营造便利、舒适的购物环境，打造良好的口碑。同时，博物馆要努力寻求多方合作，共同设立馆外文创销售点，扩大宣传与销售范围。可借助网络平台全方位展示商品，丰富官网文创产品信息。设立第三方网上营销平台，充分利用平台专业的营销技术支持，提升营销推广效果，拓展产品营销方式，如组合定价方式，会员积分，消费一定数额实行包邮、返现等，多渠道宣传、推广，提升自身服务质量，扩大口碑和影响力，最大限度地促进文创产品的销售。

第三章

中小型博物馆的运行架构设计

"中小型博物馆数字博物馆系统架构研究与应用"项目组，在调研及研究的基础上，结合智慧博物馆理念，从顶层设计出发，提出了中小型博物馆数字博物馆建设技术规划方案。

方案在详细分析博物馆现状、业务管理需求的基础上，结合文物价值挖掘诠释，围绕博物馆定位及发展目标，发挥教育、研究、欣赏三大关键职能，制定数字博物馆建设总体技术规划；全面、系统地梳理博物馆藏品资源，充分利用互联网、大数据、云计算、物联网等现代信息技术，构建以文物基础数据库、数字资源库为核心的资源中心，建设开放的文物信息网络体系，建设以藏品管理系统、数字资源管理系统、网站、微信微博为重点的管理、服务、保护系统；以馆藏珍贵文物为重点，进行多维度多媒体的信息采集与加工，提升文物数字化资源管理利用水平，多维度展示文物信息，讲好"文物故事"，让文化"活起来"，提升博物馆文物保护与利用的能力和水平，促进博物馆更好地传播、弘扬中华文化，推动文明交流互鉴。

方案梳理了博物馆文物保护的信息化需求，充分集成博物馆现有的数字化建设基础，综合应用包括泛在感知等数字化信息采集技术、数据挖掘等海量数字化资源处理技术、虚拟现实等新型数字化展陈展示与互动技术、移动互联网等新一代通信技术在内的现代先进技术手段，建设一个遵循智慧博物馆建设标准、充分互通互联、具备高扩展性和环境适应性、能够快速分析海量数据并进行智能决策辅助的博物馆管理和服务体系，从而实现更透彻的智慧化感知应用。以统一化、集中化、标准化的方式采集和管理博物馆数字资源；以更深入的馆内数字化管理方式，最大限度地减少馆内闭环管理工作中的人工参与，保证管理工作精细化、无死角、高精度；以更全面交互的博物馆数字化展陈展示服务，以基于公众行为感知的多维展现互动形式，实现公众与文物交互的高度完美融合。该方案的创新点主要在于以下几个方面。

一是多媒体多类型资源聚合。开创性地对博物馆各类资源进行全面系统的梳理、采集和整合，包括文物数据、数字资源、展陈数据、观众信息，以及展厅高清全景、馆藏文物三维建模等，利用各种业务数据、管理数据、三维采集数据等建立数据库。在此基础上，利用大数据、云计算和知识图谱技术，实现博物馆各类资源的基础信息在数据管理、科学研究、公共服务、决策共享等方面的信息化。

二是多源异构跨库数据融合。其是指对博物馆各类资源多源异构信息的高度融合与灵活展示。利用多元化的信息存储与展示手段，将不同形式的数据，如博物馆航拍图、三维文物、激光点云、图片、文档、史料、音频等，进行统一管理，实现数据间的关联，并充分挖掘其隐含信息，打造文博资源信息互融共享平台。

三是多维度数据采集与展示。以影像采集、数字处理等技术为手段，融合三维激光扫描技术、360度全景影像技术、无人机航摄技术等高新技术，对博物馆重要文物进行信息的数字化采集、存储，三维处理及建模，真实、生动地还原其历史演变过程及现状，为博物馆文物保护及复原提供多样化的支持手段。

四是混合现实智能交互应用。基于游戏、动漫、虚拟现实等手段，将人文风俗、名人故事、历史事件、代表性建筑等鲜活、逼真、动态地还原与连接起来，从而突破传统枯燥的展示模式，增强展示的互动性、趣味性。

五是大数据移动化终端应用。基于智能移动终端技术、4G网络技术、移动互联网技术、GPS技术，依托移动设备，构建博物馆移动导览和公众服务系统，通过二维码扫描、路线导览、影像识别等新技术的融入，让人们可以随时随地地浏览、体验博物馆丰富的文物资源及悠久的历史文化，移动终端服务也将成为未来文物信息化建设的重要发展方向。

数字博物馆总体设计思路为：博物馆应用高新技术和科技手段，构建具有标准化、开放式、跨媒体（图像、文本、多尺度模型、视频等）、跨终端（PC、手机、其他移动终端等）服务特色的博物馆数字化公共服务平台，提升博物馆管理水平，提高管理效率，将藏品、文献、展览等文化遗产资源进行数字化，形成可以方便使用的数字资源，通过互联网、移动物联方式，更有效地传播文化遗产，为社会提供公共服务。数字博物馆系统框架如图1所示。

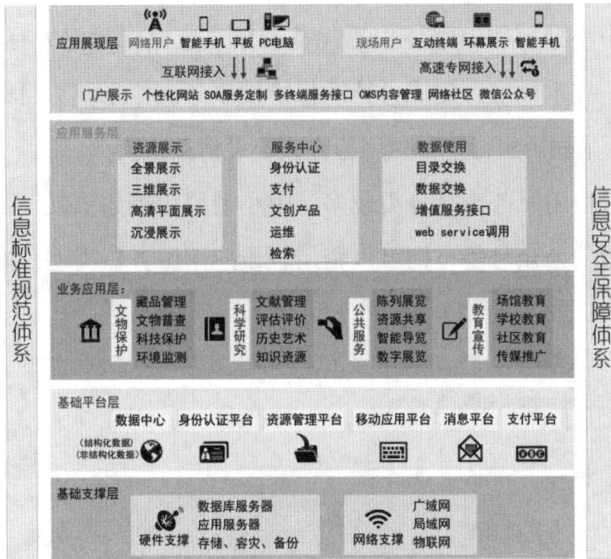

图 1　数字博物馆系统框架图

一、技术架构

中小型博物馆系统架构总图如图 2 所示。

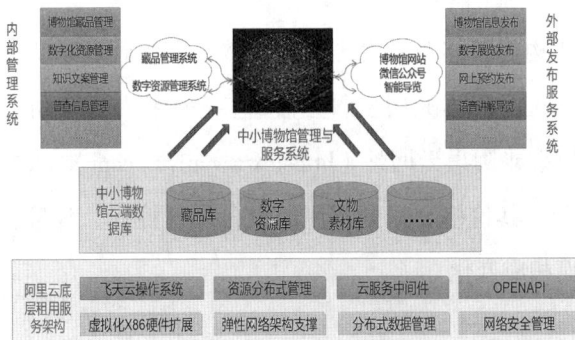

图 2　中小型博物馆系统架构总图

（一）阿里云平台

针对中小型博物馆整体信息化基础信息支撑保障能力有限的现状，以达成统一技术标准、建成可持续保障性服务支撑系统为目标，各中小型博物馆可采用阿里云平台租用等方式建设信息系统。

阿里云租用服务产品分类较多，中小型博物馆如果仅仅是开发基础网站或者微信公众号等，则可以租用轻量应用服务器类型，参考价格如图 3 所示。

轻量应用服务器按流量计费套餐基础价格

套餐价格	95元/月	145元/月	260元/月	360元/月
CPU	1核	1核	2核	2核
内存	1GB	2GB	4GB	8GB
SSD	40GB	40GB	60GB	80GB
限制峰值带宽	3Mbps	5Mbps	8Mbps	10Mbps
每月流量包	500GB	1000GB	1500GB	2000GB

轻量应用服务器有四款款按流量计费套餐，支持预付费，包年包月方式购买，
超出月流量配额后，流量将按照实际使用量进行收费，价格为0.8元/GB

图 3　阿里云轻量应用服务器按流量计费套餐价格

如果需要构建整体藏品管理系统、数字资源管理系统、导览服务系统等，则可以选配阿里通用型服务器，参考价格如图 4 所示。各个中小型博物馆可以登录阿里云网站（https://www.aliyun.com），根据自身信息化建设需要定配，其价格会根据租用的设备硬件性能、数量、流量、服务区域的不同而相应变化。

| 通用型 | 计算型 | 内存型 | 大数据型 | GPU型 | 本地SSD型 | 高主频型 | FPGA型 | 弹性裸金属 |

通用型 g6

最新一代通用型产品，性能全面提升

适用场景：
- 高网络包收发场景，如视频弹幕、电信业务转发等
- 各种类型和规模的企业级应用
- 网站和应用服务器、游戏服务器等
- 计算集群、依赖内存的数据处理

| CPU内存比 | 最大基础带宽能力 | CPU类型 | 最大网络收发包能力 |
| 1:4 | 25 Gbit/s | Intel ® Xeon ® Platinum 8269CY | 600万PPS |

地域　华东 2

CPU内存　2核8G ecs.g6.large

购买时长　1 年

¥ 2590.80 起　优惠 ¥457.20
买1年享8.5折

立即选配

通用型 g5

性能均衡，适用于企业通用类业务场景

适用场景：
- 高网络包收发场景，如视频弹幕、电信业务转发等
- 各种类型和规模的企业级应用
- 中小型数据库系统、缓存、搜索集群 数据分析和计算
- 计算集群、依赖内存的数据处理

地域　华东 1

CPU内存　2核8G ecs.g5.large

购买时长　1 年

¥ 2437.80 起　优惠 ¥790.20
专有网络测试享7.5折

图 4　阿里云通用型服务器计费套餐价格

云平台架构介绍：云计算作为新一代 IT 产业研发与应用的重要领域之一，在各行各业不断引起巨大的变革和颠覆，支撑着新一轮"互联网＋"模式的发展。云计算技术将帮助用户选择并获取优质的服务资源，实现优质资源的共享并满足持续发展的要求。

阿里云整体采用飞天大规模分布式计算系统内核，为上层的服务提供存储、计算和调度等方面的底层支持。飞天是由阿里自主研发、服务全球的超大规模通用计算操作系统（如图 5 所示）。飞天可以将遍布全球

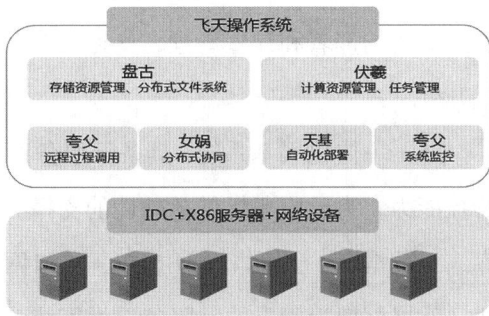

图 5　飞天平台架构示意图

37

的百万级服务器连成一台超级计算机，以在线公共服务的方式为社会提供计算能力。飞天能够提供足够强大的计算能力、通用的计算能力和普惠的计算能力。

飞天平台内核包含的模块覆盖以下主要功能。

（1）分布式系统底层服务：提供分布式环境下所需要的协调、远程过程调用、安全管理和资源管理等服务。这些底层服务为上层的分布式文件系统、任务调度等模块提供支持。

（2）分布式文件系统：提供海量、可靠、可扩展的数据存储服务，将集群中各个节点的存储能力聚集起来，并能够自动屏蔽软硬件故障，提供不间断的数据访问服务；支持增量扩容和数据的自动平衡，提供类似于POSIX 的用户空间文件访问 API，支持随机读写和追加写的操作。

（3）灵活的任务调度：为集群系统中的任务提供调度服务，同时支持强调响应速度的在线服务和强调处理数据吞吐量的离线任务；自动检测系统中的故障和热点，通过错误重试、针对长尾作业并发备份作业等方式，保证稳定可靠地完成作业。

（4）提供集群化监控：对集群的状态和上层应用服务的运行状态及性能指标进行监控，记录并预警异常事件；为运维人员提供整个飞天平台及上层应用的部署和配置管理，支持在线集群扩容、缩容和应用服务的在线升级。

（5）一体化天基系统：具备云服务产品的统一部署、验证、授权和管控能力，为云服务提供基础性的支撑。天基框架包含部署框架、资源库、元数据库、云盾、认证授权、接口网管、日志服务、管控服务等模块。部署框架为所有的云服务提供了统一的接入平台部署和服务间的依赖关系管理功能。资源库保存了所有云服务和依赖组件的执行文件。云盾为云服务提供 Web 攻击防护功能。认证授权组件为云服务提供访问控制能力，支持多租户的隔离。接口网关为云服务提供统一的 API 管理平台。日志服务为云服务提供日志存储、检索、获取等功能。管控模块监控各云服务的基础健康状态，支撑云平台的运维体系。

（二）三库（数据库及核心应用系统）

1. 藏品库

各个中小型博物馆根据《馆藏文物登录规范》（WW/T 0017—2013）、国务院第一次全国可移动文物普查的数据要求，确定文物数据标准和录入规范，制定元数据标准，建设文物基础藏品数据库。博物馆可将本馆保存的或省文物局珍贵文物数据库中属于本馆藏品的数据和图片导出；博物馆将国务院第一次全国可移动文物普查（以下简称"一普"）数据上报入库，整理数据，并对已有数据的准确性和有效性进行校对，形成文物基础数据库。

中小型博物馆藏品库构建建议采用 MySQL 或者 MongoDB 架构。

2. 数字资源库

制定数字资源元数据标准，满足机构组织、管理所有与机构相关的信息资源的数据处理标准，规范各类数据的信息处理格式，满足与其他信息源的交换要求。元数据标准依据现行的国家标准、行业标准及博物馆的实际需要建设。

数字资源整理入库：制订数字资源建设规划、《数字资源建设操作指南》，收集博物馆各类数字资源。

资源库开发：开发数字资源库基本操作功能，并安装部署资源库，确保正常运行。

对有一定开发实力的中小型博物馆，建议采用 MySQL 或者 MongoDB 架构构建数字资源库。对于信息化基础支撑能力较弱的中小型博物馆，数字资源库可以部署在云端，借助如网上云博物馆数字资源管理系统等搭建。

3. 文物素材库

文物素材库是根据文物纹饰、图案等信息，经专业人员提取、解读而形成的可供创意设计使用的知识库。

要依据现行的国家标准、行业标准及项目标准等，根据素材库的实际应用需求，完成元数据标准的建设，确定文物素材库的录入规范，开发文物素材库系统，实现基本操作功能，并实施安装部署。

有条件的博物馆应该坚持文物价值的研究和挖掘，并将成果不断导入素材库，为博物馆品牌传播、教育开发等文物利用长期积累素材。

4. 藏品管理系统

文物藏品管理系统主要是指基于广大博物馆藏品资源丰富、管理流程复杂的现状，按照全省统一的管理规范和现行各类库保业务操作凭证样板所开发的业务管理系统。其主要功能包括藏品的入库、入馆、入藏等基础类业务应用及与各业务部门相关的提借、点交、归还等支撑类业务应用，其针对藏品的全馆藏生命周期进行管理，并提供全维度的信息检索、藏品档案自动生成、总账自动生成、界面个性化控制等智能化应用操作功能，为博物馆藏品管理精准化、业务操作规范化提供了技术基础（如图6所示）。

以文物数据资源的有效利用为目标，通过建设馆藏文物基础数据库，提供数据共享服务系统等软硬件环境，逐步以数据管理统一化、数据出处一致化的模式达到入库数据规范化、库内数据有效化的目的。在此基

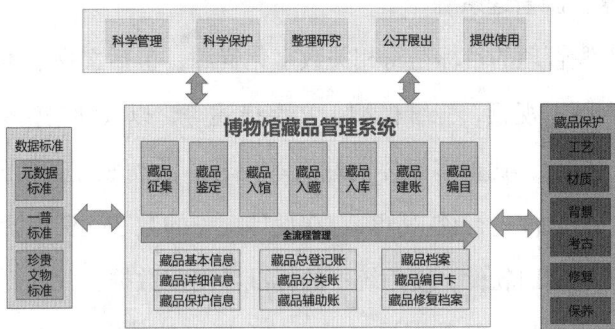

图 6　藏品管理系统结构

础上，实现文博资源的利用与共享。

　　藏品管理系统主要包括藏品信息管理、藏品流通管理、普查信息管理、后台管理四大模块。藏品信息管理模块主要包括针对藏品收入过程的入馆管理、入藏管理、入库管理和藏品检索等功能；藏品流通管理模块主要包括针对藏品馆藏过程的库房管理、提借管理、归还管理、盘库管理和库存查询等功能；普查信息管理模块主要包括针对藏品信息的数据导出和"一普"藏品的数据导入等功能；后台管理模块主要包括用户管理、权限管理、字典表管理等功能。

5. 数字资源管理系统

数字资源管理的目标是将相关数字化资源，包括文物本体数据资源，如图片、音频、视频、三维模型、文字描述等，以及博物馆数字化保护的相关知识资源，比如多媒体前端展示内容、活动照片、展陈设计方案等，通过一个软件进行统一管理。在设计统一的数字化资源管理框架时，要充分整合利用旧软件，使用统一的标准导出旧数据，并进行格式转换，存储至新的数据库，从数据层面逐步整合原有的数字化资源。数字资源管理系统结构如图7所示。

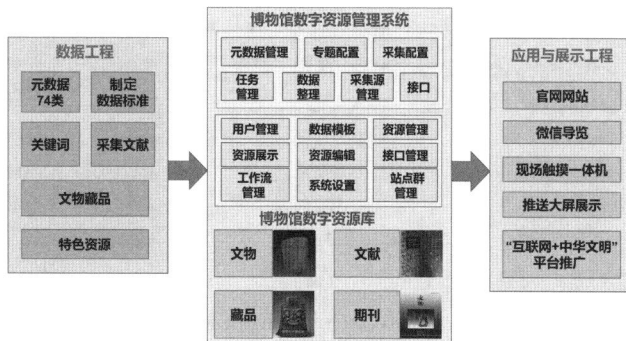

图 7 数字资源管理系统结构

6.门户网站开发

博物馆门户网站集文物展览展示、新闻公告、在线服务和互动交流、资源整合等功能于一身，是博物馆面向互联网公众服务的统一入口。博物馆要构建能进行动态化信息披露、互动性强、内容表现形式丰富、承载更多多媒体内容、功能多样化的网站，通过定制化开发博物馆门户网站，以更友好的界面和人性化的设置，让公众足不出户就能查询到最新的服务信息，了解到详细的活动资讯，享受到互动性的体验服务，分享到专业的学术成果，体现"互联网＋"给公众带来的知识分享便利，进而提升博物馆的影响力和文化服务实效。

门户网站主要包括以下业务模块：概况、新闻资讯、陈列展览、教育园地、典藏精品、文创产品、学术研究、公众互动等。

对有一定开发实力的中小型博物馆，建议采用前后端分离的思路开发门户网站，采用如SSH、Mybatis等主流的JAVA架构予以实现。对于信息化基础支撑能力较弱的中小型博物馆，网站可以部署在云端，借助如网上云博物馆门户管理系统搭建。

7.微信公众号

结合当前博物馆特点，通过定制化开发，实现微信公众号与博物馆门户网站后台的统一管理和信息的统一发布，并将博物馆导览、信息推送、摇一摇、二维码扫描、微信支付等功能进行融合，为观众提供更多、更好的观展体验。

微信公众号主要包括以下业务模块：展馆导航、会员中心、观众留言、微官网、语音导览、二维码扫描等。

8.微博

微博是一种基于用户关系信息分享、传播及获取的，通过关注机制分享简短实时信息的广播式的社交媒体、网络平台，其允许用户通过Web、Wap、Mail、App、IM、SMS等方式及PC、手机等多种移动终端接入，以文字、图片、视频等多媒体形式，实现信息的即时分享、传播互动。

在微博这一平台上，用户既可以作为观众，浏览感兴趣的信息；也可以作为发布者，发布内容供别人浏览。微博上的内容一般较短，文字限制在140字，微博也由此得名。用户也可以在微博上发布图片、分享视频等。在微博这一平台上，信息的获取具有很强的自主性、选择性，用户可以根据自己的兴趣偏好，依据对方所发布内容的类别与质量，来选择是否"关注"某用户，并可以对所有"关注"的用户进行分类。

9. 智能导览系统

智能导览系统基于GIS技术、Wi-Fi室内定位技术、ibeacon定位技术、观众行为分析技术，结合智能导览设备中所包含的方向感应器、重力感应器、陀螺仪、加速度感应器、GPS等多种传感器，提供针对观众个体的个性化、智能化且具备多种互动方式的数字化展陈展示。

智能导览系统包含前端网络定位、数据采集与传输、后台数据存储与分析、前端数据展示与互动等多个层次，其构建于博物馆智慧化的平台整体架构之上。设计时遵循博物馆数字化保护整体架构的原则及标准，主要包含室内无线定位、博物馆相关介绍、展览/活动/讲座介绍、展品展示、线路导览、个人中心等功能。其中博物馆相关介绍、展览/活动/讲座介绍及展品展示中的信息是可以即时更新的。

智能导览系统主要包括以下业务模块：在线地图导览、门票预约、展览活动介绍、活动预约、展品欣赏、实时导览、游览行为收集等。

二、运行模式

国家文物局提出的《博物馆评估暂行标准》包含三个方面 12 个指标项：一是综合管理与基础设施——法人治理结构、博物馆章程与发展规划、建筑与环境、人力资源、财务管理、安全保障、办公信息化；二是藏品管理与科学研究——藏品管理、学术研究与科技；三是陈列展览与社会服务——影响力、展示和教育、社会服务。中小型博物馆应充分参考以上三个方面制定运行管理规则。

（一）IP 运营服务

第一，博物馆要深入挖掘藏品、建筑等有形资产本身具有的历史典故、传说故事和经典文化元素，找到能与观众产生情感共鸣、激发观众认同感、满足观众情感需求的内容资源。对馆内的 IP 进行全面的资产清查和记录，梳理自有知识产权、使用权、权利限制和隐含的原作者权利等信息，做好 IP 资源的分类归档工作，建立起 IP 数据库，并随时进行检查更新。

第二，要做好授权工作，严格监督管控 IP 的产品与服务的开发用途，寻求优秀团队合作开发利用 IP 资源，尽可能多地动员和授权全社会的力量参与文创产品的研发经营。以多样化、差异化的公共文化产品与服务吸引观众。

第三，将"互联网＋博物馆"的概念运用到博物馆 IP 的转化中。运用各种媒体互相转化的手段对 IP 进行创作与传播，加强博物馆在互联网中的活跃度与存在感，利用网络平台打造鲜活的博物馆形象，吸引培养一批对博物馆保持忠诚度的"粉丝"观众。

第四，引进现有成熟度较高、社会影响力大、舆论评价较好、与博物馆主题相契合、有利于吸引观众并扩大影响力的第三方文化 IP 并加以开发利用，丰富博物馆的展览题材，扩充博物馆的教育资源，打造市场接受度高的公共文化产品。

第五，规范从创意立项、内容提供、生产、宣传、销售到后续服务等各个环节的经营活动，形成完善的以 IP 内容为核心进行生产经营的 IP 产业链和 IP 产品生产模式。

第六，创作精品主题展览，推介明星展品。通过观众调查、大数据分析等了解观众的喜好与需求，重点打造宣传博物馆的热门 IP；围绕 IP 开发系列产品与服务，进行长期的开发经营；不断对 IP 衍生产品进行更新换代，丰富其内涵，逐渐使其成为博物馆的知名品牌。

第七，知名度高、实力雄厚的中小型博物馆要有条件地推动博物馆分馆和新馆的建立，利用知名博物馆的品牌影响力扩大博物馆的经营服务范围，对分馆进行专业指导，协助策划展览，推行统一的博物馆名称、经营管理模式、专利技术应用及服务理念与精神，形成博物馆的品牌效应。

第八，精心设计具有辨识度、审美品位与文化内涵的博物馆 VI，给观众留下具有感染力、视觉冲击力的形象记忆点。

第九，与专业的法律团队保持密切合作。博物馆要及时地为重要 IP 申请知识产权保护，以应对可能出现的博物馆商标被恶意抢注及文化产品被盗版、抄袭等的纠纷。关注知识产权政策动态，维护博物馆自身权利，同时也避免自身出现违规侵权行为。

1956 年，美国达特茅斯会议上，学者们首次提出了"人工智能"的概念。如今，人工智能已从 1.0 进入 2.0 阶段。国家新一代人工智能战略咨询委员会组长、中国工程院潘云鹤院士提到：人工智能从 1.0 走向 2.0 最本质的改变是当前人类已由二元空间转化为三元空间，也就是在原本的人类社会空间和物理空间的基础上，增加了信息空间，而这个信息空间并不附着在人类，而是绕过人类，直接改造物理空间。

在人工智能 2.0 时代的当下，博物馆 IP 运营服务要顺应时代的发展，充分利用三元空间特点。

人工智能博物馆三元空间比较如表 3 所示。

表 3 人工智能博物馆三元空间

空间分类	博物馆表现形式	功能	1.0 时代特点	2.0 时代特点
物理空间	博物馆建筑、基本陈列、临时展览、博物馆商店	保管藏品、展示馆藏、提供空间	特别注重物理空间，作为城市地标建筑	参观者接受文化熏陶、感知文化的场所，人与文物连接的特定空间
社会空间	活动、社教、藏品流动、展览交流、巡展、流动博物馆	展示城市形象、提供公共服务、吸引社会公众参观	临时展览、组织活动活跃博物馆人气、连接社会	参观者分享快乐、美好，寻找历史、艺术、科技的集中地
信息空间	网站、微信公众号、App、微网站、小程序	宣传博物馆、传播博物馆形象、为参观者服务	配套、附属	带给参观者思考，智慧启迪，参观者获取知识、得到信息的空间

（二）博物馆数字资产分析

博物馆数字资产是以电子数据形式存在的，包括文物普查、考古调查、勘探和发掘、征集、购买、调拨、捐赠、依法置换、依法接收、指定保管等方式获得的数据和信息。如表 4 所示，博物馆数字资产具有四个层次。

表4　博物馆数字资产表现形态、特色及应用

分类	数字资产表现形态	"科技+"时代特点	应用
数据	文物基础数据、"一普"数据、图片、三维模型、音频、视频	大数据、高清、云计算	数据库开发,具体有藏品库、素材库、文献库、故事库、图像库、标本库
信息	活动、通讯、报道、素材	跨媒体、汇聚、及时性	藏品管理系统、文献管理系统、数字资源管理系统、展陈视界、珍藏视界、文博讲堂App、文博商城、虚拟展厅
知识	著作、论文、图录、讲座、课程	人工智能、可视化、知识图谱	专题知识库、特色素材库、数字展览、文博拓展性课程
智慧	论坛、思考、展览、创意	智能检索、推送,按需定制,个性化制作,智能导览	知识图谱服务系统、文博数字地图

三、管理控制

博物馆向社会公众开放、提供公共文化服务,需要做好风险管理、安全控制,其数据安全、数字版权、运维服务等既具有专业性,又关乎博物馆声誉。

(一)做好数据安全防护

就多数博物馆而言,基于文物安全考虑,任何人进入文物库房都需办理较为复杂的审批手续,许多博物馆从业人员都难以目睹本馆的大多藏品,只有通过"藏品编目"来了解藏品数据资料,第一次可移动文物普查后,各博物馆家底的基本信息才较为完整。基于藏品产生的研究数据、展览数据、宣教数据,散落在不同馆员的电脑中,一旦电脑故障、硬盘损坏,资料数据就很可能丢失,造成损失。如果已经使用了软硬件系统,

当硬盘出现错误，那么计算机原来存储的信息就会丢失，严重时还会导致整个系统瘫痪，造成原来在计算机系统中存储的文物信息丢失。在系统操作方面，正常情况下，只有经过授权的工作人员才可以对计算机进行操作，但是如果管理出现问题，就会出现没有经过授权的人员随意登录工作系统、盗取重要信息的情况发生。病毒侵入、自然灾害、电源故障、人为破坏乃至操作员操作失误，都是数据安全的风险因素。因此需要专业团队采取安全防护措施，降低风险发生几率。

（二）完善数字版权管控

2019 年，为激发博物馆创新活力，盘活用好馆藏文物资源，推动博物馆逐步开放共享文物资源信息，规范博物馆文化创意产品开发工作中的馆藏资源授权，国家文物局组织编制了《博物馆馆藏资源著作权、商标权和品牌授权操作指引（试行）》（以下简称《指引》），对博物馆馆藏资源著作权、商标权和品牌涉及商业使用的授权进行指导，用于公益性展示、教育、研究、交流用途的授权，参考本《指引》。《指引》属于非强制性规定，博物馆可根据自身情况参考。博物馆馆藏资源著作权可体现在具有再次创作特征的数字信息资源上。数字信息资源包括经过数字化处理的博物馆藏品和博物馆建筑的文字介绍、图像、视频、三维模型等，以及对博物馆藏品的文化内涵、与藏品相关的文化背景、博物馆的文化内容进行深度发掘和梳理的一切资料的数字化资源。

（三）强化网络安全保障

国际标准化组织的《信息技术 安全技术 信息安全管理体系 概述和词汇》中将信息定义为一种对组织业务而言必不可少的资产，信息不仅包含了传统物理信息的概念，也包含了网络电子数据的概念。信息安全有3个特点，即保密性、可用性、完整性。信息安全是保护信息和信息系统不被未经授权地访问、使用、披露、中断、修改或破坏，以保障其保密性、可用性和完整性。网络是信息系统通过互联网组件集合的实现，网络安全的含义等同于信息保障，是通过确保可用性、完整性、可验证性、机密性和不可抵赖性来保护信息及信息系统，包括利用综合保护、监测和反应能力来使信息得以恢复，以保障网络安全。

20世纪90年代出现了"网络空间"，这是对一种社会场景的感知，这个空间完全存在于电脑空间并分布在日益复杂多变的网络之中，是一个用于表达和交流的空间。随着个人、组织和国家越来越多地在网络空间活动，这些活动的安全问题成为社会新兴的挑战。"信息网络空间"是在信息安全、网络安全、网络空间安全概念之上产生的新词语。2010年以来，信息安全向网络安全与网络空间安全聚焦的趋势明显，网络空间安全已成为全球信息安全治理的政策研究重点，成为制定全球网络空间命运共同体规制的关注热点。中小型博物馆在关注网络安全的同时，可以选择成熟的云平台作为博物馆数字化硬件的支撑环境。

云计算就是使用分布式方法，针对海量数据大计算的一种解决方案，用足够低的成本、商业化的模式来解决大计算的问题。阿里云等平台以安全、可靠的计算和数据处理能力，提供在线公共服务。2015年7月，阿里云面向全社会、全行业，率先发起"数据保护倡议"：①任何运行在云计算平台上的开发者、公司、政府、社会机构的数据，所有权绝对属于客户，客户可以自由安全地使用、分享、交换、转移、删除这些数据；②客户有权利选择安全的服务来运行数据，云计算平台不得将这些数据移作他用；③如同银行有义务捍卫客户的资金一样，云计算平台也有义务捍卫客户的数据。云计算平台有责任和义务建立严密的管控体系及内部审计制度，更应不懈地提高安全防护、容灾备份等方面的能力，帮助客户保障其数据的私密性、完整性和可用性。阿里云已通过 100 多项合规认证和第三方审计，是亚洲权威合规资质最全的云服务商。阿里云已经获得包括 ISO/IEC 27701:2019、ISO/IEC 29151:2017、ISO/IEC 27018:2014、BS 10012:2017 等在内的所有关于隐私保护标准的认证。

四、社会服务

（一）网络展示

博物馆通过互联网向观众提供较为全面的服务的方式就是网站，博物馆网站拓展了实体博物馆的收藏、展示、教育和研究职能，是数字博物馆建设的重要组成部分。博物馆可以通过网站，宣传博物馆的概况、收藏文物、陈列内容、展示方式、服务项目、知识讲座及最新动态等，还可以为观众提供一个便于查询的服务系统，对计划参观和已经参观过博物馆的观众进行服务，如提供专家咨询、疑问解答、参观体验、订票、商品销售等服务，并且可以把观众的反馈信息，处理后发布在网站上，供更多的观众查阅，通过不断地为观众提供网上的在线咨询、技术支持等方式，达到提升博物馆服务品质之目的。

微博、微信自出现以来，就凭借其低成本、方便操作的特点广受青睐，成为博物馆传播公共文化的主要手段，为文物的征集和志愿者队伍的壮大打下了良好的群众基础。但不少博物馆开通微博、微信公众号后，却放置不管，不对内容加以更新，不对平台加以维护，疏于管理，导致对博物馆新媒体（微信、微博）关注的人越来越少。另外其发布的形式雷同，发布的内容也简单枯燥，难以引发人们的兴趣，网络点击量也就难以增加。因此，博物馆需要将网站、微信、微博统一运营管理，展览、活动、教育统一策划，线上发布与线下体验有机结合，信息收集、分类、编辑、发布团队合力协同，这样才能发挥出网络展示的力量。

（二）场馆体验

场馆学习就是发生在各种与科学、历史和艺术教育相关的公共机构的一种非正式学习。场馆作为非正式学习发生的物理环境，是物（馆藏物品）、人（参观者）及社会文化交互碰撞的场所。博物馆是场馆教育的最佳实践地。随着现代媒体和展示技术的发展，场馆的展示功能更加完善。场馆学习作为非正式学习的一个重要分支，能培养或增强学生的好奇心，培养其积极态度，是提升学生文化素养、传承文化的创新实践。

博物馆开展互动体验，对于观众来说，不仅是为了鼓励他们亲身参与，更是为了让他们从这种互动中接收到博物馆传播的知识信息，并产生思考；而对于博物馆来说，这不是一场教育的作秀，或者一次有关教育的娱乐，而是通过巧妙的构思，使更多观众收获知识，从而实现博物馆自身的教育职能。

对新媒体技术的使用要恰如其分，实现形式和内容的统一。只有引发观众的兴趣，他们才有可能积极地参与互动体验，并有所收获。在知识沉淀的基础上，博物馆的互动体验要力求形式新颖，并将相关知识的普及过程前置，让观众在有一定的知识储备之后，再进行互动体验，从而更大程度地激发他们的学习欲望。

（三）博物馆展览导览服务

观众到达博物馆后，首先要解决的参观问题就是导览问题，公众当然可以邀请讲解员提供讲解服务，但限于博物馆的人力资源，传统的导览器成了许多观众的首选。然而传统导览器的缺点也是显而易见的：一是导览内容有限且单一，升级不方便，体验效果差；二是互动性不强，不能根据观众喜好调整讲解内容；三是维护管理成本高，不利于小型地方性博物馆的日常维护与更新。

人类记录历史的手段无非是数字、文档、图片、音频、视频等，所有这些形式都是数据，数据越丰富，越能更好地再现昨日的社会，分析当时的情境，"历史的碎片，就是游离的数据；历史的迷雾，就是模糊的数据；历史的盲点，就是缺失的数据"。数字化时代，随着数据化的不断深入和扩大，整个人类历史都将以数据的形式存在，数据就是静态的历史，历史就是动态的数据。

在当今博物馆展览由以展品为中心向以观众为中心转移的时代，展览成为引领博物馆工作的核心业务，由此带动博物馆在"互联网＋"时代以互联网思维开展展览工作（见表5）。

表5　博物馆导览服务应用比较

项目	App	微信小程序	H5 页面 + 系统
定义	手机客户端程序	基于微信客户端的应用程序	交互应用程序
用户操作	下载，安装程序，版本更新	只要有微信，无需下载，即点即用	要有使用入口，一般从微信公众号、微网站、二维码进入
手机性能要求	对手机的操作系统（各品牌高级版）、内存要求较高（64G 以上）	基于微信，有一定的内存要求	一般智能手机即可

续表

项目	App	微信小程序	H5 页面 + 系统
使用功能	复杂、多样	介于其他两者之间	简单
博物馆投入	较高，开发费 20 万元以上，至少 2 个版本，年升级维护费 3 万元以上	开发费 15 万元，单版本，基于微信，年维护费 1 万元以上	较低，开发费 3 万元以上，年维护费低
操作维护	有一定的专业要求，苹果应用需审核发布	有一定的专业要求，操作比较简单	有一定的专业要求，操作比较简单
兼容性	相对独立，最好对接高频 App	微信定期发布开发者工具，依托微信	易兼容
扩展性	需要开发	借助微信的力量	易扩展，需对接流量入口
品牌塑造	有载体，有利于形成品牌	基于微信的二级品牌，有一定载体	仅是工具，可支持品牌
建议	针对特定功能，如三维文物 AR 交互、文物合影、换装等，且有一定粉丝人群，可以考虑	微信粉丝有一定的数量基础，博物馆展览、活动相对频繁，即用即走，为 App 奠定基础	数字化起步阶段，先出效果再逐步投入，灵活性较强，便于线上线下互动和及时调整

（四）社群运营

在互联网时代，人们的社交需求不断上升，基于某种共同爱好寻找到同类并产生相互的连接而形成的网络群体，就是社群。学习社群是社群围绕某项内容，集中在一起进行互动和交流，以共同学习、共同成长为目的组成的社群。学习社群的核心价值是提高成员的技能水平或知识素养，它具有去中心化和兴趣化、中心固定、边缘分散的特性。随着社会文化的发展，大众越来越重视在知识层面上的投资及对自身价值的培养和探索，由此促进了一大批学习社群的诞生和发展。社群运营的目的是通过良好的运营模式吸引更多的流量，并将流量转化为用户，通过运营的活动、内容与用户建立长期、稳定的关系，更好地连接产品和用户。

好的社群有以下特征：有态度的内容、互动参与、共享互利。

在西方国家，大多数民众以身为博物馆的义务工作人员而自豪，并视其为调剂生活、增长见闻、扩展社交领域及对社会回馈的最佳场所，他们来自社会各个阶层，有社会名流、教师、学生、公司职员、科学家、家庭妇女及退休人员等。国内博物馆从 2002 年开始招募志愿者，其服务岗位多样，分为日常、辅助和特殊三大类。日常岗位细分为日常讲解、大厅服务两项，辅助岗位细分为摄影、文书处理两项，特殊岗位细分为档案管理、办公室协助和大型活动协助三项。与国外大馆的做法相似，并取得了明显的社会效益和经济效益。博物馆志愿者的出现，弥补了专业人力的不足，提升了服务品质，扩大了服务层面，对博物馆理念、博物馆知识、博物馆文化进行了广泛的社会传播，从而吸引更多社会力量参与到博物馆运营中来。志愿者作为博物馆的重要组成部分，是博物馆面向社会开放的重要环节，也是其走向社会的主要桥梁和纽带，他们为博物馆提供了取之不尽的人力和智力资源，志愿服务业成为建设和谐社会的重要举措。

国内博物馆理事会目前有三种模式：领导任理事长模式、专家咨询模式、馆长兼理事长模式。这三种模式尚未把理事会的决策权落到实处，还处于理事会制度探索的过程。一般而言，其总体分工如下：博物馆理事会中社会名流、企业家主要负责捐赠或筹集资金或文物；专家学者主要负责学术业务或技术咨询；政府官员和律师帮助博物馆与政府协调或处理有关博物馆的法律问题。博物馆理事会制一方面有助于博物馆更好地从公众利益出发，去满足公众文化需求，另一方面有助于政事分开，打破自身作为政府附庸的外壳，推动博物馆的社会化。由社会各界群策群力，共同在博物馆藏品管理、建筑设计管理、展示与传播管理、教育与研究管理等方面做出重大决议。这种引入社会力量和市场竞争的做法，是博物馆未来发展的方向。

博物馆在社群运营中，需要通过不同的形式把社群组织的价值观体现出来，无论是通过语言口号还是通过各类活动，都要充分彰显社群所倡导的价值观，不能因为价值观的界定会引起成员流失而放弃，一个价值观鲜明的社群组织，它的群成员认同感会得到很大的提升。运营社群要实现社群成员的自我运营，建立起社群机制，通过建立社群组织机构这种方式加强对社群的管理，提升社群成员的组织认同，并且提升他们对组织的认同感。

（五）流动博物馆

博物馆的首要社会职能就是教育，而学生正是我们社会的受教育主体。博物馆作为学校专职教育的有益补充，可以与学校展开合作，将主流教育和业务教育相融合，使教学和展览相互结合，共同提高学生的综合素质。

"中华文明高校行"——博物馆展览进高校活动，是为了响应"互联网＋中华文明"三年行动计划，让文物"活起来"，由浙江省高等学校图书情报工作委员会、国家文化遗产保护科技区域创新联盟（浙江省）秘书处发起，博物馆提供展览，高等院校提供场地，杭州银美科技有限公司、杭州一源数字文化传媒有限公司负责执行，政府主管部门、研究机构和企业支持的文化传承公益活动。"中华文明高校行"将高等院校作为展览推广的一个重要阵地，以提升高校图书馆的文化品位，提升大学生的文化素养。自2017年启动"兰亭的故事"首展以来，各类活动受到了高校的欢迎，呈现良好的发展态势。目前"'丝绸之路'与'丝路之绸'""走向世界的良渚文明"、"以画印心·丰子恺漫画美育解读（图片展）""昆山片玉·中国古代陶瓷馆陈列""重华绮芳·宋元明清漆器艺术陈列""钱江潮·浙江现代革命历史陈列""西风东渐·欧风美雨下的浙江社会""越地长歌·浙江历史文化陈列""钱江怒潮·抗日战争在浙江""浙江省博物馆非物质文化遗产"都纳入了巡展清单。

"文化遗产百县千村巡展惠民"项目作为浙江省文化和旅游厅与浙江大学2019—2020年的重点合作项目之一，由浙江大学城乡创意发展研究中心负责推进，由浙江省文物局和公共服务处负责落实。项目以中华优秀传统文化和丰富的文物资源为内容，借助互联网传播及科技手段，让文化遗产"活"起来，开展科技艺术空间、流动文化展览、互动娱乐活动等文化配送服务，丰富农村、社区文化礼堂文化供给，打造广大城乡群众喜爱的公共"会客厅"、休闲"好去处"和精神"文化园"，增强基层群众的获得感、幸福感。温州博物馆"'百工魅力进百乡'数字化流动博物馆服务"项目获得了国家文物局和浙江省文物局的支持，成为博物馆走进文化礼堂的创新示范。

（六）行业赋能

中小型博物馆应重点围绕"互联网＋中华文明"的5个方向，即"互联网＋文物教育""互联网＋文物素材创新""互联网＋文物文创产品""互联网＋文物动漫游戏""互联网＋文物旅游"，以市场需求为导向，以互联网创新成果为支撑，依托文物信息资源，联合各类市场主体开展创新实践。图8是中小型博物馆数字产品矩阵与数字博物馆核心组件。

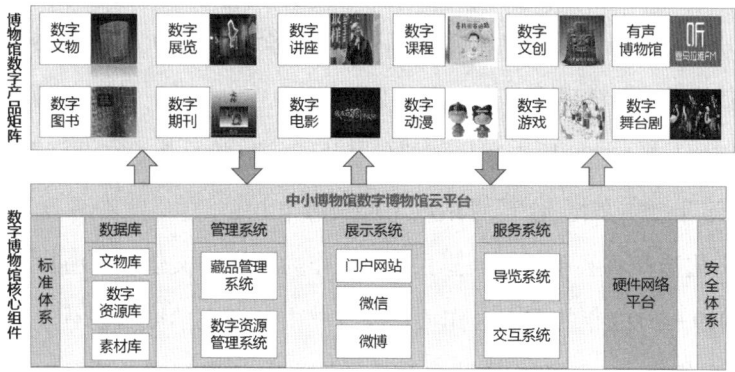

图 8 中小型博物馆数字产品矩阵与数字博物馆核心组件

第四章

中小型博物馆的"互联网＋中华文明"实践

一、"互联网＋文物教育"：以杭州博物馆《寻找回家的路》为例

杭州博物馆结合"最忆是杭州"展览，面向小学三至四年级在校学生，开发了《寻找回家的路》原创文物教育绘本，从馆藏文物中寻找线索，帮助一位穿越而来的古代孩子回到五万年前。该绘本配套教育课程，截至 2018 年末，课程已覆盖几十万学生。图 9 是《寻找回家的路》文物教育绘本走进萧山区第一实验小学。

图 9 《寻找回家的路》走进萧山区第一实验小学

（一）《寻找回家的路》借助"互联网＋"，升级纸质读本内容

《寻找回家的路》"互联网＋"升级版，主要在分级内容呈现、展示、快乐体验、互动学习、传播介质等的语词精练方面进行了提升与拓展，加深了内容开发的程度，形成了阶梯课程。在现有内容的基础上，馆方与出版社针对题目、作者、出版意图、读者对象、基本内容、写作要求等方面进行深入讨论，在原有读本的基础之上勾画了一个新的教育读本蓝图（如图10所示）。升级版读本以历险故事为主线，以博物馆10件典型文物叙述为辅线，文物服从故事情节的发展。小主人公——来自五万年前寻找爸爸的"小建"和考古小博士"小博"，在穿越历史的过程中向读者展示了历史场景及文物背后发生的故事，更重要的是在历经重重困难后他们收获了珍贵的友情，也对勇敢、独立、亲情有了更深的理解和认识，同时也让小读者了解了杭州八千年的文明史、五千年的建城史。

图 10 《寻找回家的路》选题构思

（二）结合科技手段，同期开发数字读本

数字读本以纸质读本为基础，并扩充丰富的图片，音、视频资源。小读者在阅读的过程中，受到文字、图片、音频、视频等潜移默化的影响，并通过交互游戏的体验，体会到传统的书籍所不能给予的趣味感。此外，配合绘本开发的"一物一课"课程，通过5分钟左右的短视频以风趣幽默的形式传播文物的内涵精粹。绘本、博物馆微信公众号、教育平台三者相结合，达到了高质量的传播效果。

结合《寻找回家的路Ⅱ》数字读本，开发了《小博讲文物》《小建古都历险》系列故事（如图11所示），于2020年与《寻找回家的路Ⅱ》同步上市。

图11 《寻找回家的路Ⅱ》读本插图及故事人物

（三）课程更新，"互联网＋"模式传播杭州历史文化

课程根据不同学习场景体系化设计，通过"模块"排列组合，形成《寻找回家的路》之"小博"微课、在线课程、场馆课程、研学课程的体系。

"小博"微课：以 5—7 分钟为一个单元，以小主人公小博为形象，以儿童喜欢的语言和表达形式讲述文物趣事。"小博"微课将与新版绘本同期在馆方微信公众号与之江汇教育平台及相关短视频网站上发布。

在线课程：将纸质读本中的精彩部分浓缩为六个课时的在线课程。通过引导讲解，让孩子们了解杭州五千年城建史中的闪光点。该课程已引入浙江小学生教育资源广场——之江汇平台，首次直播点击率已过万。

场馆课程：从两个小时到半天、一天的课程（用户可以根据自己的兴趣和学习程度，选择课时为两小时的基础版、半天的升级版、一天的 VIP 版），使用场景向课堂与社交圈延伸。

研学课程：从场馆延伸至户外，让孩子们收获一些有趣的、能够受到启发的知识。研学课程在设计上要以本土化为原则，反映当地的历史文化与民俗，要有仪式感，让孩子们感受到杭州的文化特色，从历史中找到对于当下的启示。

《寻找回家的路》文物教育绘本自发行以来，市场反应良好，一期2000 册，已销售一空，活动参与学校已达 15 所，课程网络直接点击量上万次。二期绘本正在紧锣密鼓的策划出版中，同步的微课、场馆课程、研学课程正在研发中，还有与之相配套的"小博说"短视频大赛也正在筹

划中。期许"互联网＋"模式将《寻找回家的路》所承载的杭州历史文化以生动、有趣的模式浸润每个孩子的心田。

二、"互联网＋文物素材创新"：以温州博物馆"白象·慧光"典藏文物素材应用为例

温州白象塔、慧光塔中发掘出大量的经卷、绘画、雕塑品、石刻、金书、银书，以及金器、银器、油泥堆塑漆器、玻璃器皿、黄杨木雕等北宋文物，蕴含着极其丰富的文化资源，不仅是中国北宋佛教文物的聚宝盆，更是中华文明历史的一段见证。

（一）"白象塔的故事"数字展览

博物馆多年来以白象塔文物的研究内容为重要基础，将线下实体展厅与线上数字展览服务平台有机融合，全新设计策划"白象塔的故事"专题数字展览（如图 12 所示），借助"互联网＋"，依托数字展览展示平台面向公众展示，并进行教育、传播。

图 12 白象塔的故事

　　"白象塔的故事"专题数字展览目前已集成网上数字展示、文物解读、教育传播、文创资源四大功能。数字展览以"白象塔的故事——温州博物馆馆藏文物精品陈列"展览为核心内容，通过全景、三维建模、高清摄影、360度环拍等多种技术融合的信息化手段，将展览场景和白象塔文物研究内容相关联，借助数字化手段用文物讲历史、用文物讲故事，为白象塔出土的众多精美文物在数字平台上安了一个"永久的家"。其通过"互联网＋"进行传播，提高了数字藏品资源的利用效率，以灵活生动的展现方式、深入浅出的内涵表达走进公众视野，阐述文物所蕴含的文化内涵和时代价值，引导公众发现文物之美，探寻温州的魂。

（二）"白象塔的故事"教育课程

　　"白象塔的故事"数字展览展示服务平台还对接当地小学，开发了地方文化课程"话说白象塔"与地方美术课程"印象白象塔"，深受学生的喜爱。"话说白象塔"地方文化课程，让学生通过了解家乡白象塔（古塔）的历史、结构与文物文化，学会用所了解的知识组织塘河文化展示馆中的白塔馆解说词，尝试编写解说词并向人们解说介绍白象塔，激发人们对家乡的热爱之情。"印象白象塔"地方美术课程，从学生的生活环境出发，让学生通过搜集家乡古塔的资料了解其中的历史与文化，进一步认识家乡的古塔这一建筑形式，同时提高欣赏塔、表现塔的能力，并在创作中尝试用不同的表现方法进行表现，从而提高感受力、观察力和创造力。该课程让学生在感受传统历史文化特色的同时，引导学生尝试从美术角度、美术表现方式上进行一系列的探究活动，学习用美术的手段记录传统历史文化，增强学生对家乡文化的了解和热爱。特色课程面向中小学开设并成为夏令营的组成内容，参与人数超过5000人（如图13所示）。

图 13 "印象白象塔"课程走进夏令营

(三)文物素材服务之文创产品开发

结合温州博物馆镇馆之宝"北宋彩塑菩萨"等珍贵文物，以文本、音频、视频、三维模型、图片等数字形式，构建造像造型、器物纹饰、佛经佛画、铭文内容四大类素材库，表现工艺技术特点与艺术之美，为设计者提供文物素材服务，让其方便使用文物素材进行二次创意，设计别具特色的系列文创产品。其开发的文创产品得到了社会大众的喜爱（如图 14 所示）。

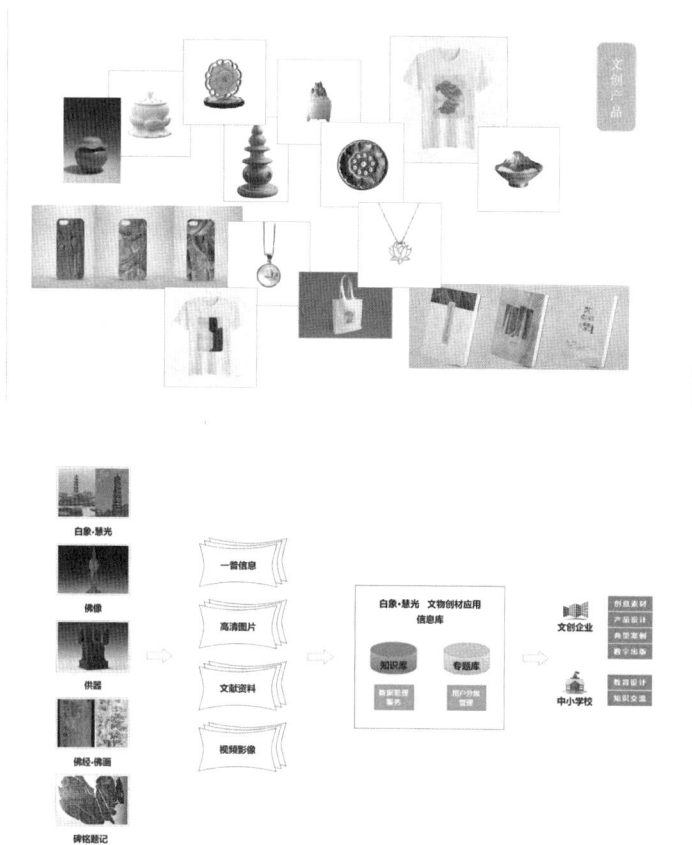

图 14　文物素材文创产品

三、"互联网+文物文创"：以绍兴兰亭书法博物馆"兰亭的故事"文创产品开发为例

　　在文旅深度融合、科技日新月异的利好背景下，绍兴市兰亭景区潜心打造"兰亭的故事"IP，通过传统资源和互联网资源的融合，尝试为兰亭文创产业发展探索创新路径。

（一）内容和成果

文创产品是借助现代互联网科技手段对文化资源、文化用品进行创造与提升而产出的高附加值产品。景区自营文创品牌"兰亭的故事"创立于 2016 年初，经过三年多的潜心努力，景区相继开发了以"兰亭文化"为主线，以"绍兴文化"为辅线的七大系列近千款产品，包括兰亭集序·书法系列、曲水流觞·雅集系列、羲之爱鹅·鹅系列、兰亭说兰·兰系列、茂林修竹·竹系列、人文荟萃·名人系列、兰亭传承·临展系列，品种涵盖了文具饰品、家居服装、生活用品、传统工艺品等。还开设了多家实体店，开通了"兰亭的故事"淘宝、微店等线上平台，注册了"兰亭的故事"微信订阅号，引进了浙江省内第一台文创自助售货机，做到线上线下同步宣传、展示与销售。

通过互联网平台的有效助推，兰亭文创营收快速增长，知名度和影响力不断扩大。文化和旅游部、省市领导及文化界、书法界、文博界人士都对兰亭文创给予了高度肯定和赞许。三年多来，兰亭文创屡获殊荣，荣获 2018 中国旅游商品大赛铜奖、2018 中国特色旅游商品大赛银奖等多个国家、省、市（区）级荣誉，以"开发文创产品，提高景区旅游商品购买量"为课题的 QC 项目获得省优秀 QC 成果一等奖、发布奖。因文创工作的突出成绩，"文化＋产业"的创新发展，2018 年，景区被浙江省文化厅、浙江省文物局遴选为全省文化文物单位文化创意开发试点，成为绍兴市唯一入选的单位，更是喜获浙江省十大"文旅融合示范景区"称号。

文创产品发挥了强大的社会宣传效果，成功架起了宣传桥梁，有效地将兰亭文化、绍兴文化宣传了出去。"兰亭的故事"文创＋展览参加了全国各地数十次的推介展会；走进北京大学、浙江大学、上海交通大学、杭州师范大学、浙江工业大学等国内数十家知名高校，10 万余名学子接受传统文化的滋养和熏陶，高校微博、微信公众号点击量达 20 万余次，真正实现了课堂—互联网—文创展览的超值体验；走出国门到新西兰、斐济等国巡展，讲好中国故事，宣传绍兴文化，推介兰亭文化。开幕式当天，微信互联网平台同步直播，文创产品深受欢迎。

（二）亮点和特色

馆藏陈列"动"起来——虚拟现实技术、人工智能科技让博物馆的互动展陈变为可能，使那些古籍中的历史人物能够穿越千年为我们生动讲述中华文化的博大精深。这种交互式、沉浸式的文化体验方式大大增强了传统文化的吸引力，游客也乐于接受这样的博物馆展陈方式。兰亭景区通过"兰亭的故事"系列元素、书圣王羲之 20 个"之"字的变化、"二王"书法作品演示等，从视觉、听觉、触觉方面牢牢抓住游客的感官体验，让"沉睡"的展品"活"起来。

文创产品"燃"起来——以文化 IP 为基础的特色旅游商品通常都具有较高的附加值，"兰亭的故事"正在不断地向"故宫上新""罗浮宫蒙娜丽莎""大英博物馆小黄鸭"学习，进一步提升"兰亭的故事"文创品牌的知名度与影响力，提升品牌价值，利用兰亭作为省级文化创意产品开发试点单位，进一步整合资源，开发产品，拓展渠道，加大推广，从做优产品向做大品牌努力。图 15、图 16 为兰亭文创产品展示，图 17 为"兰亭的故事"海外巡展新西兰站开幕式现场。

图 15 兰亭文创产品

图 16 文创产品深受大学生喜爱

图 17 "兰亭的故事"海外巡展新西兰站开幕式

四、"互联网+文物旅游": 以中国丝绸博物馆"世界丝绸互动地图"为例

中国丝绸博物馆以其主办的"神机妙算: 世界织机的织造技术与纺织艺术"展览中的展品为基础, 应用"互联网＋"相关技术, 开发了传统织机学术地图。同时, 邀请世界各地传统织机相关的研究者与爱好者参与, 共同上传关于传统织机的影像资料, 在技术后台通过计算机技术及人工审核机制, 呈现出一套开放共享的传统织机学术地图。

传统织机学术地图是基于地理信息系统（GIS）构建的文物地理信息数据库, 集可视化研究、展示、传播于一体, 发挥"互联网＋"手段, 实现开放共享, 借助社会力量汇聚博物馆学术资源, 为科学研究和社会服务提供参考与帮助, 是现代科技与人文社科的结合、时间与空间的结合、数据库与可视化的结合。针对面向社会大众上传数据的应用场景，传统织机学术地图在上传流程、界面设计、操作指南、法律责任、语言切换等方面，力求简洁，充分考虑使用者的初次体验，借鉴微信、Facebook等的用户上传分享设计方式，减少用户操作时的恐惧心理，增强其成就感。设计时还研究照片批量上传的技术难点，增强系统的交互体验。

用户在浏览传统织机学术地图时，查询检索方便，查看织机信息时，直达目标。在设计时，"织机"就是目标对象，显示的信息、照片、视频都围绕对象"织机"充分聚焦。图18为"世界织机互动地图"框架示意图。

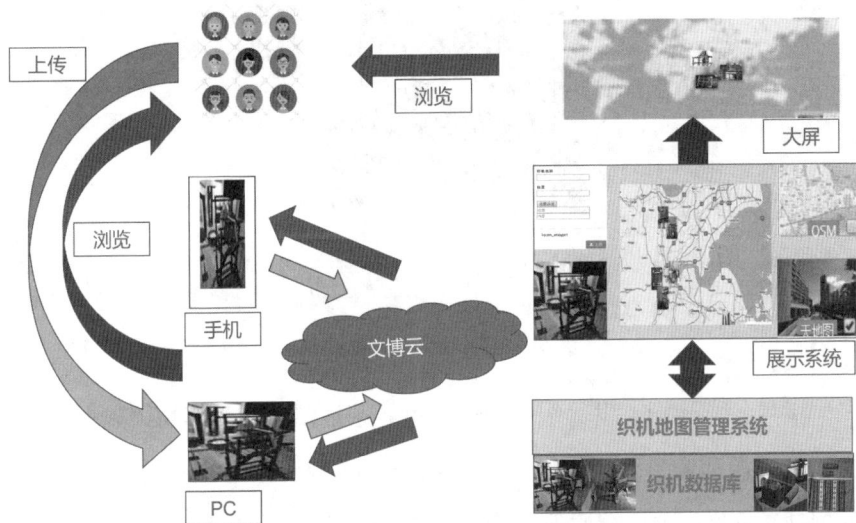

图18 "世界织机互动地图"框架示意图

整合线上数据，提供以主题划分的学术互动世界地图，并允许用户自主生产内容，充分发挥互联网环境下用户的能动性。中国丝绸博物馆还与浙江大学、杭州银美科技有限公司合作推出了世界丝绸地图、世界织机地图、世界茶地图、世界博物馆地图。图19展示的就是世界织机地图的手机版封面。

图 19　世界织机地图手机版封面

世界丝绸地图、世界织机地图、世界茶地图已作为博物馆数据汇集、展示的来源和窗口，还作为"丝瓷茶：丝绸之路上的跨文化对话"展览中的展项，又在阿曼、阿联酋、捷克共和国等国家巡展中作为互动展项（如图20、图21所示）。

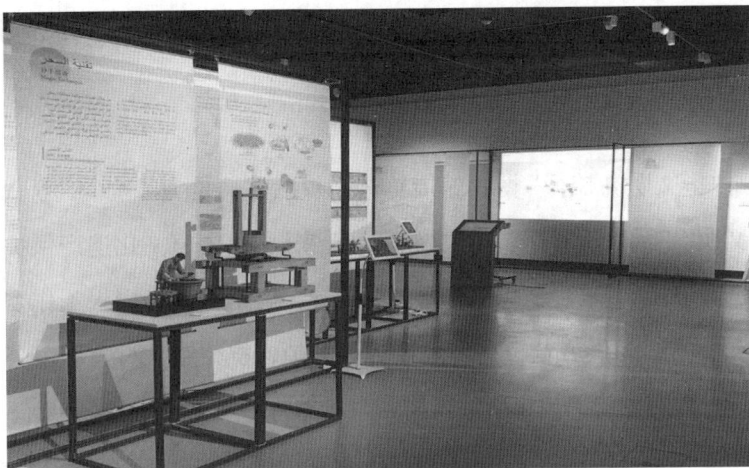

图 20 "丝瓷茶：丝绸之路上的跨文化对话" 阿曼展

图 21 "丝瓷茶：丝绸之路上的跨文化对话" 捷克共和国展

五、渠道拓展与聚合：以"中华文明高校行"博物馆展览高校巡展为例

"中华文明高校行"博物馆展览进高校活动，是为了响应"互联网＋中华文明"三年行动计划，让文物"活起来"，由国家文化遗产保护科技区域创新联盟（浙江省）秘书处、浙江省高等学校图书情报工作委员会发起，博物馆提供展览，高等院校提供场地，杭州银美科技有限公司负责执行，政府主管部门、研究机构和企业支持的文化传承公益活动。

浙江省是创建国家文化遗产保护科技区域创新联盟试点的首个省份，互联网发展走在全国前列。浙江省高等学校图书情报工作委员会已经成立40余年，在高校图书馆和教育行政部门之间发挥了纽带作用。"中华文明高校行"将高等院校作为展览推广的一个重要阵地，提升高校图书馆的文化品位，提升大学生的文化素养，自2017年启动"兰亭的故事"首展以来，活动受到了高校的欢迎，呈现良好的发展态势。

（一）建立浙江省高校巡展常态化渠道

项目以"中华文明高校行"为品牌，积极推动博物馆展览进高校，提升高校图书馆的文化品位与大学生的文化素养。"兰亭的故事""'丝绸之路'与'丝路之绸'""走向世界的良渚文明"已成为标准化巡展产品，吸引越来越多的博物馆制作展览参与这些项目；目前，浙江大学、杭州师范大学、浙江工业大学、浙江音乐学院、浙江中医药大学、浙江旅游职业学院、浙江商业职业技术学院等十余所高校已举办过巡展，浙江的108所高校渠道已建立，巡展活动为高校搭建了文化舞台，学生展演、讲解员实习、馆校互动也为博物馆搭建了与高校师生沟通、合作的桥梁。活

动还得到了国家艺术基金 2019 年度传播交流推广资助项目"中华文明互联网推广"的支持。图 22、图 23、图 24 分别是"'丝绸之路'与'丝路之绸'"展、"走向世界的良渚文明"展的部分高校行现场

图 22 "'丝绸之路'与'丝路之绸'"展走进浙江工业大学

图 23 "走向世界的良渚文明"展高校行浙江大学站启动仪式

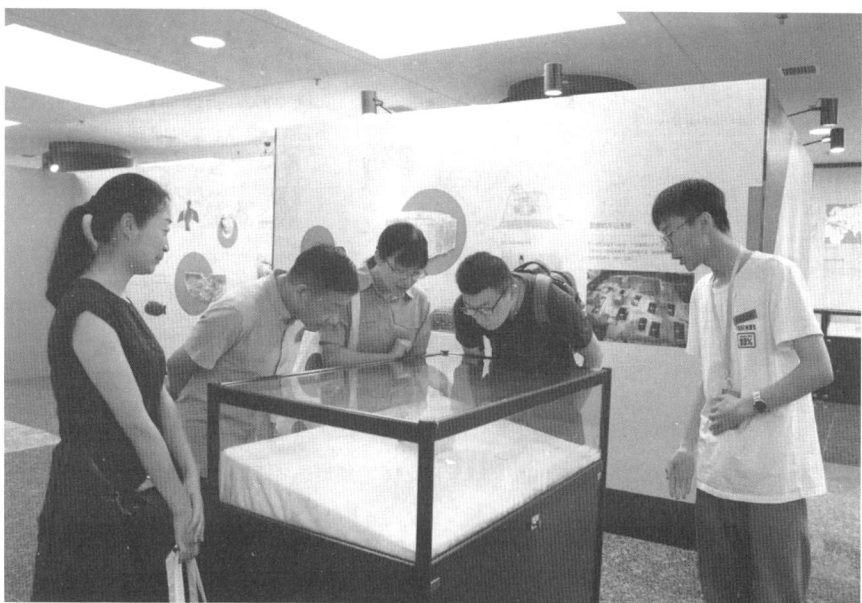

图 24 "走向世界的良渚文明"展高校行现场

（二）拓展长三角高校及全国高校渠道

借 2018 年"北大·绍兴文化展示"活动，绍兴兰亭书法博物馆与教育部图工委主任单位北京大学图书馆推荐了"中华文明高校行"巡展活动，并在北京大学举办了"兰亭的故事"巡展（如图 25 所示）。

图 25 "兰亭的故事"北京大学巡展

在长三角一体化发展国家战略背景下，长三角高校图工委牵头单位上海交通大学联合浙江大学、南京大学、安徽大学三省高校图工委牵头单位，把"中华文明高校行"巡展活动作为长三角高校文化交流一体化的落实内容。图 26 为"兰亭的故事"展走进上海交通大学。

图 26 "兰亭的故事"展走进上海交通大学

　　为配合"中华文明高校行"博物馆展览高校巡展活动，项目运营团队借助"博物馆展览高校行"微信公众号进行宣传推广，不仅让高校图书馆老师了解了展览基本信息，而且可以预约巡展排期。同时展览配套利用"互联网＋"及新科技，推出了微信书签打印（如图27所示），扫码寻宝、文物问答游戏等环节，增强了展览的现场体验感。

自动文物书签打印（一体机）

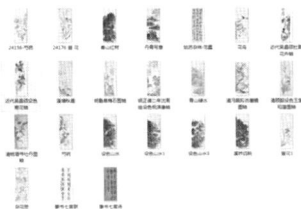

　　　　一体机封面页　　　　　　　　　　书签　　　　　　　　　　　打印现场

图27　展览现场的文物展示微信书签打印一体机

（三）连接教育平台"浙大带你文博探秘"

　　浙江大学积极开发面向青少年学生的文物教育渠道。为让青少年学生更直观地感知文物历史，其与浙江省教育厅信息技术中心合作，在浙江教育资源平台"之江汇"上线"浙大带你文博探秘"板块（如图28所示），通过虚拟场景和重点文物讲解，培养学生对文物历史的兴趣。

图 28 "浙大带你文博探秘"首页

（四）运营"文博讲堂"文物学习社群

借助网络学习 App 及移动码流采集压缩传输技术，开发了"文博讲堂"社群学习运营模式。由博物馆提供讲座，充分发挥"互联网＋"优势，现场采集音频，与讲座 PPT 同步直播，为文博爱好者提供精彩的文博讲

座直播，并支持回放。目前已汇聚了国内外专家的 160 余场讲座。图 29
展示的是"文博讲堂"学习圈及讲座。

图 29 "文博讲堂"学习圈及讲座

六、"互联网＋中华文明"：以浙江省博物馆观众自主参与式观览体验为例

浙江省博物馆文物品类丰富，年代序列完整，其中河姆渡文化遗存，
良渚文化玉器，越文化遗存，越窑、龙泉窑青瓷，五代两宋佛教文物，
汉代会稽镜，宋代湖州镜，南宋金银货币，历代书画和金石拓本，历代
漆器等，都是极具地域特色及学术价值的珍贵历史文物。入选央视《国
家宝藏》节目的三件文物——良渚文化"玉琮"、唐落霞式"彩凤鸣岐"七

弦琴、清末民初宁波"万工轿"（如图 30 所示），更是受到了观众的喜爱。
为此，博物馆推出了多项面向观众的自主参与式观览服务，增强了观众
体验感，让观众更深入地了解文物及其蕴含的知识。

图 30 入选《国家宝藏》的三件珍贵文物

（一）基于手机观赏展览及展品

浙江省博物馆开发了基于 Android 或 iOS 系统的交互式博物馆展品虚拟拍摄系统，实现了标记物特征提取、坐标变换求解、虚实场景配准等关键算法，以及缩放、曝光设置等基本拍摄功能，同时提供用户选择展品的接口。在传统书签上融入了新技术的应用，即通过图像识别技术，观众能精确快速地在智能手机上获取更多文物背后的信息，如文字说明、语音讲解、高清图片等。应用选用了玉琮王、越王者旨於睗剑、象牙蝶形器、铜观音菩萨立像四件文物的高清三维影像，同时结合腾讯和百度的相关产品，进行图片拍照，可以让观众在手机上看到、听到更多文物信息。图 31 为"博物馆"、百度 AR 新玩法的展示。

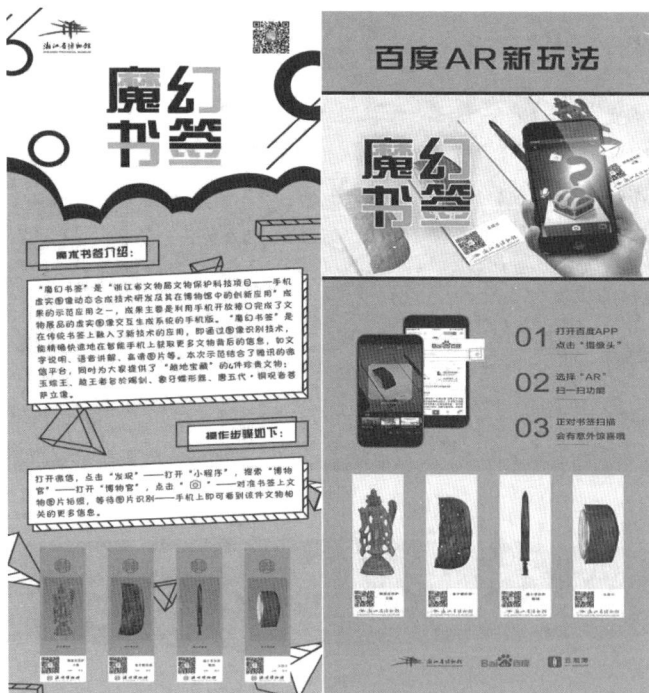

图 31 "博物官"、百度 AR 新玩法

在庆祝 2018 年 5·18 国际博物馆日的同时，"博物致知"首届长三角博物馆教育博览会在上海世博馆召开，这是国内首次以博物馆教育为主题的博览会，共有来自江苏、浙江、安徽、上海的 36 家文博单位参加。浙江省博物馆在现场提供了有趣的互动活动和多媒体电子交互设备，为参观者带来了别具一格的体验，同时利用网络和科技手段，推出"互联网＋"社教名片（如图 32 所示），吸引了众多目光。在展览周期内，观众访问社教名片 1903 次，转发 644 次，通过微信打印书签 780 次。

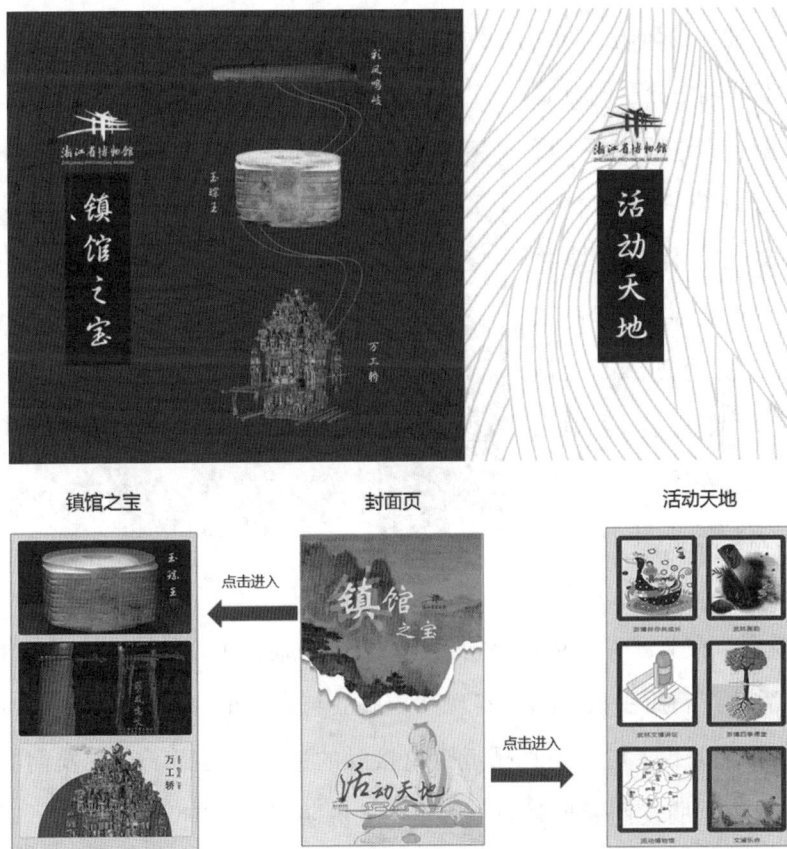

图 32 浙江博物馆社教名片触屏版和手机版

（二）与文物合影及分享

手机拍照留影并与家人朋友分享，成为近年来人们的生活常态。然而在博物馆中，由于拍照可能会破坏展品、影响参观秩序，很多博物馆禁止拍照。怎样缓解人们的拍照留影需求与博物馆保护展品及维护参观秩序之间的矛盾呢？针对博物馆留影问题，浙江省博物馆研究了展品交互虚拟摄影、智能虚拟自拍等多项手机虚实图像动态合成技术，既能满足参观者在博物馆中留影纪念的需求，又能降低拍照可能对展品造成的不可逆破坏的风险，同时用手机通过互联网快速获取合影，符合人们在移动互联网中分享的习惯。

配合"越地宝藏"展览，浙江省博物馆挑选7件文物（浙江省博物馆玉三叉形器、玉琮王、兽面纹青铜尊，萧山博物馆西晋青瓷俑2件，瓯海区博物馆西周龟纹青铜簋，东阳市博物馆摩羯纹金盏），采集制作

图33　浙江省博物馆应用现场

3D模型，在浙江省博物馆西湖美术馆开展为期一个月的"我与宝藏合个影"活动，利用手机App，实现文物展品与人像的虚实图像交互合成，弥补了观众不能与文物真品近距离接触的遗憾，得到了小朋友们的欢迎，成为小朋友们展现童心、展示才艺的陪伴，文物"宝贝"成了亲子合影、朋友合影的配角和道具（如图33所示）。

图33 "我与宝藏合个影"活动现场

（三）可视化虚拟布展体验

在采集、迁移、整理浙江省博物馆虚拟布展数字资源（包括展厅模型、展厅风格素材、展品资源）的基础上，建立了虚拟布展数字资源库。建立展览档案，记录和管理实体展览的时间、名称、人员、策划内容、形式设计等电子文件及筹划展览的认证会议记录等内容，上传和管理展览的高精度照片、展品及文字介绍、新闻及制作的相关海报，以及相应的展厅模型等资源，使这些资源能够按照时间、名称被检索并展示。面向博物馆工作人员，对博物馆陈列展品的相关信息进行管理，包括展品信息及临展相关数字化资源，通过维护更新展品信息，使展品信息能够为其他系统所用，实现展品信息在多个系统间的实时同步；通过管理临展数字资源，协助用户追溯和查看以往临展资料。充分利用当前的网络空间和虚拟技术，开拓和发展网上展览。通过在虚拟空间组织展览，进行实际展览效果模拟演示及未来网上展览的前期准备，并对未来举办的网上展览实行数字化便捷管理。

面向观众、爱好者提供可视化的虚拟布展体验，浙江省博物馆以其现有的 4 个实体临时展厅为基准，创建了 4 个与实体展厅一样大小的网上展厅，由虚拟展厅库、数字展品库、素材库等数据库做支撑，配以人性化的虚拟布展功能，利用 WebGL 真 3D 技术，使图形渲染快速实时，同时结合精细化的三维模型数据和策展业务数据，给布展人员提供逼真的布展场景，使其可对展品和辅助品等 3D 模型进行交互操作。在进行虚拟展厅的布展中，提供自动生成辅助积木、自动生成简易 3D 模型、自动确定展品的相对位、自动测量展品距离及同一展柜内一键式布展等功能。对于布完的展览，随时可转换到浏览状态以观看者角度对展览进行审视。

在展览全部完成后，经过审核可快速发布到网络空间，做到即发即看，作为网上数字展览供观众参观，提升博物馆的网络展示水平，实现数字文化的共建共享。图34、图35分别是书画单件展品灯光画框操作界面和器物类积木布展界面展示图。

图34　书画单件展品灯光画框操作界面

图35　器物类积木布展界面

第二部分

研究论文

舟山博物馆数字博物馆建设综述

杜美燕/舟山博物馆

摘　要： 数字博物馆为传统实体博物馆带来了革命，目前国内许多博物馆均在努力开拓数字化管理、展示的平台。在新冠肺炎疫情常态化防控背景下，以数字化推进博物馆的发展，更成为形势所迫、发展所需和现实所能。本文从舟山博物馆数字博物馆建设的实际出发，在推进中小型博物馆数字博物馆建设方面积极探索。

关键词： 数字化；博物馆；建设

随着科学技术的不断发展，计算机和网络已经影响并改变了人类生活的方方面面。在这样的时代背景下，数字博物馆应运而生，并成为现代博物馆建设发展的主题。

与传统实体博物馆相比，数字博物馆的本质是通过数字化技术，将实体博物馆搬到网上来。数字博物馆将实体的文物以数字化的形式展示给观众，借助多媒体、虚拟现实等方式在实体博物馆内搭建数字展厅，以实现传统展览不具备的展示功能；依托互联网，搭建网上虚拟博物馆，实现藏品的在线展示。这些功能在很大程度上克服了传统实体博物馆在时间、空间、展示形式上的诸多局限，进一步拓展了博物馆的社会教育和文化传播功能，是当下和未来创新、融合文博线上线下服务，更好满足公众需求，推动文物资源活起来的重要方式和途径。

数字博物馆为传统实体博物馆带来了革命，目前国内许多博物馆均在努力开拓数字化管理、展示的平台。在新冠肺炎疫情常态化防控背景下，以数字化推进博物馆的发展，更成为形势所迫、发展所需和现实所能。受疫情的影响，博物馆不得不加快升级展览方式，进一步实现数字化技术与博物馆文化资源的深度融合。疫情过后，博物馆展览方式将向着"线上＋线下"的模式发展。

一、舟山博物馆数字博物馆建设现状

舟山博物馆于 2016 年制定《舟山博物馆数字博物馆建设五年规划》，2017 年部分项目通过舟山市经信委专家审核，并于当年实质性启动，至今在博物馆数字化方面共投入了 700 余万元，建成了一整套适用于智慧保护、智慧管理、智慧服务的业务系统。目前完成的有藏品管理系统、数字资源管理系统、文物预防性保护系统、官方网站和微信公众号小程序、多媒体互动墙等，同时舟山博物馆承担了浙江省文物局科研项目"中小型博物馆数字博物馆系统架构研究与应用"的研究工作。

（一）舟山博物馆藏品管理系统

舟山博物馆藏品管理系统自 2018 年 8 月投入使用，至今运行情况良好。该系统建设统筹考虑已有应用和新增系统及需求的关系，利用计算机、网络及通信技术将与藏品相关的文字资料和影像信息有机地管理起来，以馆内藏品数据管理为基础，以业务流程为核心，以系统管理为支撑，将藏品信息、业务信息、人员信息及关联信息，在数据共享及数据联动的基础上，实现全系统整合协同工作，从而全面有效地提升馆内藏品管理的规范性和高效性。

按照日常工作的实际情况，该藏品管理系统主要分为藏品征集管理、藏品编目管理、藏品影像管理、藏品保管、库房管理、检索统计、总账上报、系统管理、数据接口、信息外泄防护10个功能模块。藏品管理中产生的海量数据可以通过大数据进行分析和挖掘，从而发现潜在的价值。

藏品管理系统的使用，使原始的人工管理程序被计算机规范化、科学化，使文物数据与实物、图片达到统一，实现文物藏品的信息化管理，提高了藏品的管理水平。系统自运行后，对全馆人员开放，不仅为其他业务的开展提供文物资源，也通过其他部门的专业研究，补充、完善了藏品管理系统的内容。此外，博物馆官方网站还公开藏品数据库，以供普通观众查阅、欣赏，从而实现让藏品活起来的目标，也通过社会力量来填补、纠正、完善藏品管理系统的内容。

目前，馆内藏品信息采集比例达100%，系统采集数据10008条，照片数据953GB，其中珍贵文物信息265条，照片数据24.3GB。

（二）舟山博物馆可移动文物预防性保护监测体系

舟山博物馆可移动文物预防性保护项目于2019年建设实施，该项目最核心的内容就是建成了"馆藏文物保存环境监测评估系统"和"馆藏文物保存环境调控系统"，共设置无线温湿度传感器终端55个，无线温湿度 VOC 传感器终端 13 个，无线温湿度二氧化碳传感器终端 5 个，无线温湿度光照传感器终端 10 个，无线温湿度紫外线传感器终端 3 个，在线式小型超声波气象站 1 个，环境质量综合评估传感器 1 个，监测展示大屏 1 个，建立预防性保护监测预警体系软件平台 1 个，并在此基础上建立了舟山博物馆预防性保护管理体系，运用物联网技术、计算机技术、大数据技术对环境数据进行风险分析及评估，利用较为成熟的环境调控手段，制定科学的环境调控方案，配置符合文物安全要求的保存设施（展柜、储藏柜、专用囊匣），改善馆藏文物保存环境。

可移动文物预防性保护监测系统采取有效的质量管理、监测、评估、调控等措施，抑制各种环境因素对文物的危害作用，努力使文物处于一个"稳定、洁净"的安全生存环境，尽可能阻止或延缓文物物理和化学性质的改变乃至最终劣化，达到长久保存文物的目的。

（三）舟山博物馆数字资源管理系统

在《舟山博物馆数字博物馆建设五年规划》中，舟山博物馆就提出要建设数字资源管理系统，组建舟山博物馆自己的"大数据中心"，避免信息孤岛，最大限度利用馆内数字资源。而数字资源管理系统是大数据中心的雏形，是一体化平台建设中重要的一环，各类系统都将通过该系统进行信息交互。

博物馆在日常工作中收集了大量的文物基本信息、二维和三维影像、新闻类影像和外部关联资源等。这些资源每年以非常快的速度不断增长，若没有一个统一的资源库和搜索引擎对其进行管理，随着时间的推移，这些分散数据的管理难度将越来越大。建设数字资源管理系统来规范博物馆数字资源的收集、管理、储存和利用，实现数字资源规范化、业务管理信息化、利用服务网络化，加强数字资源的后台管理和日常利用显得很有必要。

2018年底，舟山博物馆启动数字资源管理系统建设项目，目前系统已具雏形。该系统具备了资源导入、资源录入、资源编目、资源维护、数字化资源加工管理、数字化资源利用管理、数字化资源发布与展示、分析报表统计等功能，并集中控制平台实现统一授权访问和应用，统一数据接口标准，实现数据的共享互通，使数据便于管理及使用。

（四）多媒体互动墙

2020年，舟山博物馆建成多媒体互动墙。该互动墙在硬件上采用10块 ≥ 55 英寸原装液晶面板的拼接显示单元，双边拼缝 ≤ 0.88 毫米，分辨率 ≥ 1920 × 1080dpi，红外多点触控系统，精度均能达到 ±1 毫米；对比度 1300：1，显示色彩 16.7M 色，可视角度 178 度。

多媒体互动墙的用户界面具有很强的视觉冲击力，能在传统的展览空间给观众以艺术性的展示，并在展示时进行无间断的多种特效动态更新。目前，该互动墙已建成并投入使用，为配合互动墙建设，舟山博物馆还专门开展了藏品资源数字工作，采集文物三维数据 125 件套，高清平面图片 75 件套，册页高清扫描 6 件套，并在互动墙上予以展示。

同时参观者还可用自己的手机扫描观众服务平台自动生成的藏品二维码，分享该藏品的信息（文字、图片、3D 模型、视频），吸引观众参与到与博物馆的互动中来，互动墙成为展示数字化藏品的绝妙途径。

（五）融媒体建设

为响应数字博物馆建设，舟山博物馆利用大数据分析、云计算、人工智能技术等建立与公众的"超级链接"，用以集中展示社教活动、临展介绍、藏品故事等内容。结合当下全媒体时代的发展特点，建立以"两微一网"（即微博、微信、网站）为主体，多元化新兴媒体为辅助的宣传模式，依靠博物馆的自媒体资源，向不同层次的公众推送适合他们的博物馆信息，从而不断扩大博物馆信息推广的覆盖面。目前，已投入应用的融媒体有舟山博物馆微信公众平台、舟山博物馆官方微博、舟山博物馆官方网站、舟山博物馆导览手机 App 等，达成合作的融媒体有《舟山晚报》传媒、大舟山手机 App 及上级官方网站等。舟山博物馆坚持创新服务展示方式，坚持各融媒体多元化发展。

• 微信公众平台、官方微博促社教活动稳步发展。舟山博物馆官方微博保持一定活跃度，及时更新馆内重要信息并转发优质文博类微博，截至 2020 年 6 月，已累计推送 2000 多条微博动态，拥有 4000 多名粉丝。舟山博物馆微信公众平台属于公益性订阅号，为公众提供各类展览、活动及其他信息服务。平台目前已建设得较为完善，已拥有超一万人次的关注量。

• 加强数字化研究，推出"云游博物馆"贴心服务。舟山博物馆通过舟山博物馆官网、大舟山手机 App 等媒体，创新推出"云展览""云讲解"等数字化服务。例如制作"走马过红尘——纪念三毛特展""战海山——纪念舟山军民抗英斗争 180 周年"网上展厅，云展览突破时间和地域的限制，通过清晰的 3D 动画效果，让观众获得形象、直观的参观体验，成功打造"永不落幕的展览"。例如录制"小城故事多""百馆百物——宋代同安窑瓷碗""我为国宝点赞——舟山博物馆（泗州僧伽石像）"讲解视频，开设"洛阳营战旗""我军自制机帆船""蹈海特展报纸主题墙"等课堂，运用新媒体的呈现方式，表现文物瑰宝的独特魅力，让公众足不出户就可以"云游"博物馆。新鲜的对话方式收获了市民十余万的点击量,市民纷纷留言,"云游博物馆"成为博物馆与市民新的对话热点。

• 用"纸上博物馆"讲述文物之美。"纸上博物馆"是舟山博物馆在《舟山晚报》上推出的专栏,讲述系列文物故事。目前"纸上博物馆"已介绍文物故事达 80 余个,在读者中建立了良好的口碑,吸引了一批批读者从平面的博物馆走进立体的博物馆。"纸上博物馆"成为公众与博物馆之间沟通的又一座桥梁,"纸上博物馆"项目被评为 2020 年浙江省最佳社会教育项目。

二、余论

由于国内数字博物馆建设的理论仍处于不断研究发展中,尚未形成统一的国家标准,舟山博物馆数字博物馆在建设规划时也缺少一个成熟统一的指导设计方法,建设仍处于摸索、起步阶段,加上资金有限,只能逐年推进一到两个急需建设的项目。探索推进中小型博物馆数字博物馆建设,在解决了"有没有"问题的基础上,要进一步追求解决"好不好"的问题。

下一步,面对需求端的"分层化、复合化、散客化、个性化"等趋向,还需要进一步挖掘馆藏资源的丰富内涵,在数字博物馆"不间断、系列化、多样性、时效性、互动灵活"方面做出有益探索。

—

博物馆"三微一体"移动互联网创新实践
——以中国茶叶博物馆为例

赵燕燕/中国茶叶博物馆
杭剑平/杭州银美科技有限公司

摘　要：文化与品牌传播是博物馆的重要职能。本文探讨了博物馆在移动互联网时代传播的需求，提出了文化消费供给侧改革的必要性，给出了博物馆在实现方式上的创新手段与模式上的实践案例。

关键词：移动互联网；博物馆；品牌传播

一、博物馆品牌传播

（一）博物馆品牌与影响力

博物馆品牌传播的特点是将博物馆中的价值、文化和个性构成品牌的实质。一个成功的博物馆品牌始终要以公众为核心，以更好地满足观众需求为导向，既要满足公众不断更新的个体期望值，也要适应博物馆整体品牌传播的规律。博物馆所蕴含的文化资源即为传播的内核。

在全国众多博物馆中，大部分是中小型博物馆，其人员数量少、工作繁杂，缺乏信息化、数字化的专业团队和人员。目前社会公众缺乏对博物馆的系统性了解，博物馆动态信息无法及时传递给社会大众，博物馆展览信息、藏品价值信息、解读内容无法动态传播，博物馆现场缺乏互动载体，大众无法实现把博物馆带回家的目的。

随着《博物馆条例》的实施和建设现代博物馆体系要求的提出，博物馆公共服务功能和社会教育水平急需提升，博物馆需要利用互联网思维传播价值、提升品牌影响力。

（二）结合新媒体的品牌传播体系

新媒体相对于传统媒体的最大特点是消除了空间概念，迅速拉近了博物馆与公众之间的距离，当下公众的自主性强，可以按照自己的意愿选择信息，而新媒体所传播的文化信息能够引发公众的兴趣和思考，公众也方便通过网络自由获取信息。

博物馆需要利用移动互联网实现品牌传播的价值，需要根据品牌传播的四大要素即传播主体、对象、渠道和内容，来构建适合自身的品牌传播体系。

新媒体的针对性更强，公众获取信息更加直接，这就要求新媒体传播信息的时效性更强，可供公众选择的内容更丰富。借助网络资源的力量，展览、藏品、活动信息，资讯能够全面、精彩地在传播路径上与公众实现直接对接，同时实现热度延续。值得注意的是，博物馆在建设自媒体时，需要着重考虑服务功能，为公众提供优质便利的现代化信息服务。当公众与博物馆建立起了倾听、交流和回应的循环关系，双方便可以随时进行交互式沟通，博物馆信息被需要、被追随，品牌效应自然形成。

从公众的角度来分析，由于个人喜好和需求不同，公众对博物馆的期待值及博物馆所营造出的传播价值符合"使用与满足"理论。公众会在博物馆中找到自己钟情的体验，使博物馆赢得认同，真正的品牌分享者会在社交媒体上表达自己的态度，从而对品牌推广产生明显影响，所以博物馆的口碑效应非常明显。社交媒体的口口相传比一般性的广告传播更加快速有效，最重要的是值得信赖。自媒体是一种传播渠道，在博物馆中的体验会经公众自身传播到其他公众群体，产生蝴蝶效应。

公共关系的处理离不开媒体关系，在确保传播信息效果有价值的基础上，博物馆与媒体之间共享共生。以"全媒体"为架构，媒体具备引导舆论的能力，要与媒体保持良好关系，使之成为博物馆与公众沟通的媒介和桥梁。虽说"酒香不怕巷子深"，但在现今这个信息化社会，即使博物馆文化再有价值，也需要媒体的宣传、广告的投放。这是将品牌宣传点对点抵达消费群体的手段。

二、移动互联网时代的文化消费

（一）博物馆文化消费

文化消费是指人们根据自己的主观意愿，选择文化产品和服务来满足精神需要的消费活动，它是以物质消费为依托和前提的。它的基本特征体现在两个方面：一方面，它所满足的是消费主体的精神需要，使主体感到愉悦、满足；另一方面，满足主体需要的对象主要是精神文化产品或精神文化活动。博物馆是社会历史文化传承的重要载体，为公众提供知识、教育服务和欣赏平台，博物馆的展览、藏品、深度的解读、场馆主题活动，都具有成为大众文化消费对象的基本特征。由于对人们主观意愿度的触发不够，作为文化产品或文化服务来满足人们需求的载体形式不具象，公众只有欣赏的自由，缺少消费的机会。人们的文化"内需"日益旺盛，但文化产品和服务的有效"内供"却不足。

文化消费通过国民选择文化产品与服务，实现了文化产品的价值，促使人力资本提升并促进人的全面发展，让人们精神愉悦、幸福满足，从而使社会和谐发展，国民幸福指数提升。

博物馆建设蓬勃发展，截至目前，全国博物馆总数达到 5136 家，平均每 27 万人拥有 1 家博物馆。预测到 2022 年我国博物馆总数将达 8000 家，全国博物馆公共文化服务人群覆盖率将达到每 20 万人拥有 1 家博物馆，在文化消费的供给侧，蕴含着巨大的提升空间。

（二）移动互联网带来新消费

当前我国文化发展环境已经发生巨大变化，表现为：文化消费升级，人们期待更加个性化和品质化的文化产品；科技改变生活，越来越多的国人通过互联网和移动终端进行文化消费；人们参与文化生产的意愿和积极性正在增强。这些要求文化治理注重引导沟通、以法治文，注重以数字化和互联网思维来审视及推进文化生产。当前文化治理还存在不少问题。其一是文化治理方式还侧重于单一的行政管理，明显滞后于文化精品生产的客观需求。其二是文化发展模式不够优化。过去一段时间，我国文化产业获得了爆发式增长，但整体还处于粗放状态，文化全要素生产率并不高。其三是文化发展生态不够完善。文化精品生产的扶持机制、考核评估机制、评奖激励机制、宣传推广机制、人才培养机制、政府购买服务机制等尚未健全，还没有形成文化精品生产的责任共同体和文化发展生态体系。

因实体博物馆在时间、空间与展示形式上存在局限性，大量藏品没有机会展出，这制约了博物馆的社会教育和文化传播能力的发挥。随着科技的进步、移动互联网的兴起与发展，以博物馆业务需求为核心，以不断创新的技术手段为支撑，线上线下相结合的新型博物馆发展模式将大有前景。

打造博物馆文化消费环境，需要本着以人为本的原则，采用智能、便捷、信息化的管理系统，结合文物、展览，以观众为服务核心，强调环境利益、消费者利益和企业自身利益的有机统一；提供"互联网＋交互"服务，提高公众的互动参与性，使公众通过智能手机即可获取信息及展览服务，通过互联网即可提出建议与要求；以"互联网＋文化"传播引导应用，及时传播文物知识点与展览看点，加强文物内容与应用终端功能的融合；倡导"互联网＋消费"，为公众提供文化消费场景与文化产品消费途径；引导公众通过参观展览建立"互联网＋学习"模式，改变文化消费的观念，提升文化产品消费的意识。

三、创新案例：中国茶叶博物馆"三微一体"应用

（一）"三微一体"组合应用

"三微一体"是博物馆微网站、微易秀、微信公众号、一体机四组产

品的创新整合（如图 38 所示），打通博物馆数据内容管理后台，利用微信公众号快速与公众连接，利用微网站便捷展示博物馆品牌和服务内容，利用微易秀传递分享博物馆精美内容，利用终端一体机实现文物的现场展示、查询，文物书签打印，实现观众使用手机操作、终端提供服务的便捷服务模式，在现场与观众增加互动，使分享变得快速简单，信息通过网络即可合成，记忆更加深刻永久。

图 36 "三微一体"示意图

1. 宣传展示

博物馆微官网是为适应高速发展的移动互联网市场环境而诞生的一种基于 WebApp 和传统 PC 版网站的新型网站。微官网可兼容 iOS、Android、WP 等多种智能手机操作系统，可便捷地与微信、微博等网络互动咨询平台链接，微官网就是适应移动客户端浏览体验与交互性能要求的新一代网站。基于移动互联网的博物馆官网，利用微信红利，内容编辑、发布由管理后台统一操作。

2.传播推广

微易秀是一款针对博物馆移动互联网宣传的手机幻灯片、H5 场景应用制作工具，它将原来只能在 PC 端制作和展示的各类复杂宣传方案转移到更为便携的手机上，公众可以随时随地根据自己的需要在 PC 端、手机端进行制作和展示，随时随地宣传推广。微易秀交互体验丰富，赏心悦目，公众乐意使用。

3.分享互动

博物馆微信公众号平台是以腾讯微信公众号为依托，充分利用微信亿级用户的用户红利，挖掘博物馆自身价值，为公众提供更优质的内容，创造更好的黏性，形成文化生态循环。微信公众号平台辅助博物馆进行自媒体活动，进行一对多的媒体行为活动。

4.体验消费

这是移动新媒体时代的产物，集展示、打印于一体的终端机把博物馆行业的线上与线下业务相结合，实现了博物馆与公众的互动，让公众关注博物馆，留下对博物馆的记忆。一体机通过精美的海报图片吸引公众眼球；通过生动逼真的视频内容、一目了然的滚动文字资讯、丰富多彩的宣传内容，实现公众访问者从线下关注到线上关注的转变。图 37 为"三微一体"的界面展示。

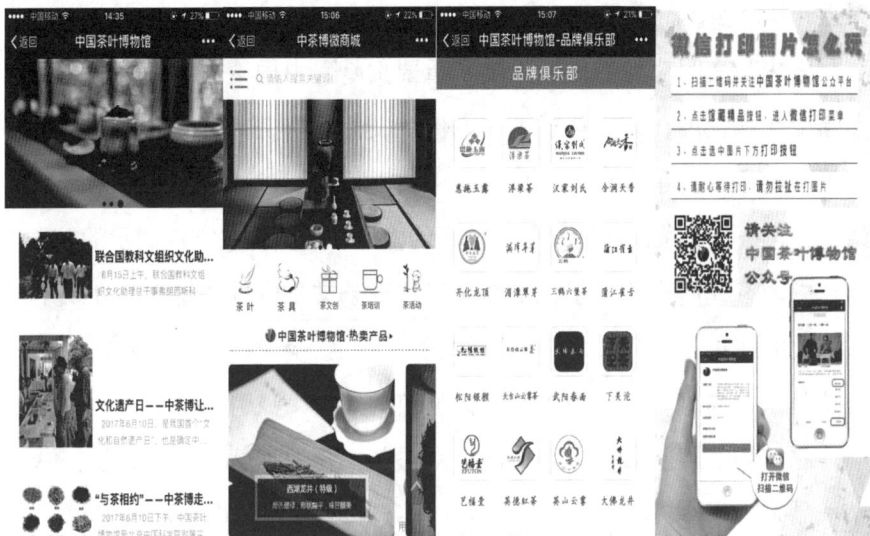

图 37 "三微一体"界面

（二）中国茶叶博物馆应用实践

中国茶叶博物馆坐落于风景秀丽的杭州西子湖畔，龙井茶乡，于1991 年 4 月正式对外开放，是我国唯一以茶和茶文化为主题的国家级专题博物馆。其双峰馆区占地约 47000 平方米，龙井馆区占地约 77000 平方米，两馆建筑面积约 1.3 万平方米。中国茶叶博物馆集文化展示、科普宣传、科学研究、学术交流、茶艺培训、互动体验及品茗、餐饮、会务、休闲等服务功能于一体，是世界茶文化的展示交流中心，也是茶文化主题互动体验型旅游综合体。

1. 宣传展示激发茶文化内容挖掘整理

中国茶叶博物馆微官网主要有新闻快讯、数字展厅、展厅导览、藏品赏析等板块，除了实践茶文化收藏、研究、展示、传播、教育等传统职能外，其一直在探索从馆舍天地走向大千世界，以拓宽弘扬茶文化的渠道，拓展弘扬茶文化的方法。

中华茶文明对世界文明做出了重要贡献，中国茶树、茶饮、茶文化不断变化和发展，茶文化成了东方传统文化的瑰宝，茶的发现和利用经历了从药用、食用、祭用，直到饮用的漫长演变过程，因此发掘茶艺茶道、古代茶具、茶俗风情、茶与健康的内涵和价值，是宣传展示的核心。

中国茶叶博物馆数字化工作突出体现茶文化内容的挖掘，在线上以数字化载体进行呈现和解读，"展线下所未展，释线下所未释"，其最终目的是激发浏览者对于中国茶叶博物馆的兴趣，吸引浏览者成为中国茶叶博物馆的游客及参观者，加深公众对茶文化的理解和热爱，使公众学茶、品茶、爱茶、玩茶，从而凸显中国茶叶博物馆的文化内涵，诠释"茶与自然、茶与人文、茶与生活"的理念。

2. 传播推广带动数字资源加工制作

爱美之心人人皆有，公众更愿意传播赏心悦目的文化产品，中国茶叶博物馆除了提供优质内容外，更注重形象设计，微网站、微信公众号都统一视觉风格，在展览制作、页面制作方面加强了交互设计，采用 H5 微易秀方式，提高了手机界面的体验感。

发现茶叶背后的故事，发现最传统的老茶人——茶界"活字典"，挖掘茶人执着的守艺精神——关注全手工制茶工艺及非物质文化遗产传承人，采集百佳茶馆信息与资料等，这些活动的目的在于将时间、人、器物和他们背后的土地连接起来，发现茶的美、器的美，溯源中华茶文化、传统手工艺记忆里最精彩的那部分，找到这些坚守工艺的传承人，并将他们用心制作、烙印着传统记忆的茶与器，带到爱茶人的生活之中。

在线上传播的同时，茶文化服务模式在博物馆及相关产品与技术博览会（博博会）、中国（义乌）文化产品交易会、中国国际茶业博览会、中国杭州文化创意产业博览会、杭州西湖博览会等展会上推广应用，营造现场体验感，实现线上线下服务，扩大消费受众群体，提高服务知名度，提升茶文化品牌影响力。其还在尝试茶文化服务模式走进校园、走进社区、走进企业，作为流动博物馆的一种形式，走亲民路线，普及茶知识、提倡茶健康、推广茶文化，让更多的百姓随时随地感受茶文化的熏陶。

3. 分享互动提升茶文化主题活动品位

中国茶叶博物馆微信公众号的微互动服务包括微信打印、随手拍、随手写、调查问卷等，中国茶叶博物馆茶学堂微信公众号设置了茶体验、茶培训、茶讲座、茶博士等服务功能，扩大了博物馆微信公众号、订阅号的传播影响力，同时实现双号后台同步管理多个消息内容发布平台，便于博物馆各部门共享信息，优化新闻上报、审核、发布流程。

中国茶叶博物馆每年组织的活动在60场以上，引入O2O（Online to Offline）线上线下双线客户体验概念，建设了200—300平方米的茶文化体验馆和茶文化互联馆，力求突破时间空间限制，搭建茶文化服务体验平台，做到日日有茶文化的体验活动，将茶主题的体验活动常态化。

中国茶叶博物馆致力于将博物馆社会价值最大化，弘扬茶文化，会聚茶友，倡导科学饮茶与艺术品茶，线上线下分享有茶生活，推广"爱茶爱生活"的理念，分享茶叶从茶园到茶杯的全过程，建立人与茶的亲和关系，记录濒临失传的茶叶手工加工工艺和各地饮茶习俗。

4. 体验消费促进博物馆文创多元开发

龙井馆区围绕"体验"与"文创"概念，建成并开放世界茶展示馆、中国茶业品牌展示馆、西湖龙井茶展示馆、茶书吧及鸿渐阁（含茶学堂、陶吧、审评室）、焙茶坊、禅茶馆、味象楼四个体验馆楼群等，并配套与相关茶企业合作的商业网点区、茶树品种园及亭台楼阁等室外景点。

为了加强用户体验，在馆区展览大厅设置了一台终端一体机，触摸大屏展示展厅、藏品、茶文化活动，观众还可以利用自己的手机，通过关注中国茶叶博物馆微信公众号，点击自己的手机屏幕，免费打印一张精美的茶文化书签，留下自己的名字以作纪念。

引领茶的电子商务，为茶企、茶商及广大茶友建立线上线下双线"茶圈子"客户体验通道，实现茶的买卖与文化传播。茶友得到更多实惠，通过有茶生活体验和高性价比茶品、茶具的消费使用，更好地理解茶文化。中国茶叶博物馆微商城推出了茶叶、茶具、茶文创、茶培训、茶活动五大类产品，不仅方便用户购买，也为茶企提供了网络营销平台。

四、总结

"三微一体"博物馆移动互联网创新服务融合了科技、智慧、人文元素，是"互联网＋文物"的典型应用，公众在好玩中分享，在分享中传播，在传播中消费，同时在过程中起到了宣传文化遗产、文化产品消费的作用。博物馆既是资源提供方，又为公众提供了线下消费体验，还可以充分发挥博物馆的场馆、空间、文物、展览资源，通过产业链整合，还可以产生新的经济增长点。

"三微一体"应用是积极响应国家"互联网＋中华文明"三年行动计划号召，积极探索文物与经济社会相关领域融合发展，形成基于互联网的新业态和新模式的有益尝试。

参考文献

[1] 2017 年浙江大学博物馆传播与认知国际学术研讨会 . http://www.meeting.edu.cn/meeting/meeting/notice/meetingAction-80232!detail.action.

[2] 博物馆条例（国务院令第 659 号）.（2015-03-02）.[2020-06-10] http://www.gov.cn/zhengce/2015-03/02/content_2823823.htm..

[3] 维拉·阿夫沙尔 . 大都会博物馆首席数字官：未来的关键在于讲故事 [N]. 赫芬顿邮报，2015-02-07.

[4] 韩玥 . 浅析博物馆品牌传播 [J]. 中华文化论坛，2016(8).

[5] 余明阳，朱纪达，肖俊崧 . 品牌传播学（第二版）[M]. 上海：上海交通大学出版社，2016.

[6] 井婷婷 . 自媒体红利——通过自媒体获得信任、关系与收益的真实一线报告 [M]. 成都：西南财经大学出版社，2015.

在文字和数字的跨界融合中开辟鲁迅文化新时空

杨晔城/绍兴鲁迅纪念馆

摘　要： 绍兴鲁迅纪念馆作为一家老馆，近年来积极适应信息时代博物馆宣教工作新形势、新需求。通过推出"三大栏目"，建立公众互动黏性；搭建"四位一体"线上网络平台，实现游客"云游览"；借助"抖音"发力，让鲁迅成为国民"达人"；用"三喜"形式，探索传统宣传新出路，不断开辟博物馆宣教工作的新时空。

关键词： 博物馆；鲁迅；宣传

近年来，绍兴鲁迅纪念馆运用新媒体思维，借助新媒体工具，创新宣传模式，同时扎根传统媒体，普及鲁迅文化，推广纪念馆品牌形象，为探索新时代博物馆宣教工作提供了一个样本。

一、推出"三大栏目"，建立公众互动黏性

绍兴鲁迅纪念馆通过微信公众号平台，随时随地为公众提供贴心周到的服务。目前，微信公众号平台设置了"走进故里""参观指南""在线互动"三大栏目，同时每个栏目下都进一步细化开辟了若干个子栏目。

其中"走进故里"栏目为纪念馆简介区，主要向公众分享馆区陈列内容、景区常规活动、各景点简介等信息，让公众对纪念馆能有一个直观初步的了解。"参观指南"栏目为游客服务区，主要向公众提供各类贴心的便利服务，公众可以在该栏目内快速找到参观办法、语音讲解、交通指示、景区承载量等相应的人本服务内容。2018年9月18日起，绍兴鲁迅纪念馆实行整体晚间延时开放，为方便游客参观，还增设了晚间开放参观预约小程序，游客可以在手机上完成景区预约参观操作，不必现场预约，从而大大节省入园时间。新冠肺炎疫情发生以后，为配合分时预约需要，又开通了在线"分时预约"功能。"在线互动"栏目拉近了纪念馆与公众的距离，与公众建立了良好的互动关系。此外，官方微信公众号通过每月不定期推送各类资讯，延展纪念馆的宣传和服务范围，让更多潜在观众足不出户就能了解纪念馆最新动态。

据统计，自2015年至今，绍兴鲁迅纪念馆官方微信公众号已拥有粉丝2.08万。

2011年，绍兴鲁迅纪念馆开通官方微博。官方微博日常推送的内容大至鲁迅的家世、生平、作品、遗物、日记、宗教信仰、科学理念、言志，小至鲁迅的书法、收藏、兴趣、手稿、照片、朋友、婚姻、阅读，乃至于绍兴方言、绍兴老屋、绍兴百俗、绍兴名贤、绍兴名胜等鲁迅笔下的风物，鲁迅文化的记忆碎片几乎俯拾即是。如利

用"鲁迅语录"等微博超话，传播鲁迅经典语录，弘扬鲁迅精神与文化。凡此点点滴滴碎片式的"微"信，汇成一本浩如烟海的鲁学百科全书，俨然一部写实版的《鲁迅全集》。据统计，截至 2020 年 12 月，绍兴鲁迅纪念馆官方微博共发布 3.5 万余条信息，拥有粉丝 1.27 万。

在管理方面，绍兴鲁迅纪念馆以部室为单位，将原来的特约信息报送员模式升级转型为纪念馆人人都是信息报送员的全员参与模式，形成整体宣教合力。如微博小编每天将各部室投送的原创稿件定时、定量、分类上传，明确重要新闻 24 小时内报送上传，一般新闻 3 天内报送。目前，纪念馆微博单条信息最高浏览量达 7.6 万人次。同时，积极与受众进行线上互动，及时回复受众的线上留言。此外，纪念馆一方面与各文博单位及上级主管单位下属各景点官方微博联合协作，组成强大的联合宣传阵线，各微博间实现粉丝资源共享，相互转发，达到宣传效果最大化；另一方面，与本地"大 V"互粉，利用"大 V"的庞大粉丝群及强有力的号召力和影响力，为纪念馆微博宣传推波助澜。

二、搭建"四位一体"线上网络平台，实现游客"云游览"

2017 年，绍兴鲁迅纪念馆顺应时代潮流，对官方网站进行改版提升，逐步建立起"网站、微博、电子商务、微信"四位一体的线上网络服务平台。最新改版的官网页面清爽，功能完善，具有动态信息、陈展研究、智慧旅游等九大功能，还运用 flash 技术开发了景区虚拟游项目。点击进入虚拟游界面，映入眼帘的就是纪念馆景区东入口 360 度全方位实景图像，访客可以移动鼠标，选择任意角度查看周边景观。根据界面提示，访客还可以在线上全方位逐个"游览"景点，仿佛置身粉墙黛瓦间，沿着鲁迅先生的足迹，在三味书屋"上早课"，在百草园"嬉戏"……同时，还将纪念馆景区手绘全景图放置在官网中，访客可以根据需求在地图上点击查看景区停车场、卫生间等基础设施所在的位置。

新冠肺炎疫情期间，纪念馆闭馆不停展，闭园不停游，做好"云文化＋"网络文化资源在线服务，集中推出了云旅游、云展览、云直播、云研学、云街区、云活动等系列项目。以云展览为例，学术成果和传统媒体、新媒体相结合，线上线下互动，使不同公众受益，成为景区线上展览的一个亮点。

数字化建设一直是博物馆工作的重点之一。绍兴鲁迅纪念馆顺应时代潮流，将馆内各类精品展览搬上网站，开设陈展研究栏目，搭建起一个网络展览平台，让游客游览不再受到时间、地域的限制，足不出户也能"云游览"。对于一些无法对外开放展示的重点文物，利用图像与文字相结合的形式，开启线上"云展览"，让文物"活"起来、美起来、动起来，重新出现在大众的视线中。与此同时，为满足访客日益增长的个性化服务需求，绍兴鲁迅纪念馆在官网还开设了电子商务栏目。访客除了能在官网上了解纪念馆景区的基本信息，观看线上展览，还可以直接在网上填写个人基本信息，完成参观预约，大大节省现场入园时间；绍兴古城，名胜古迹众多，访客也能在网站上直接购买其他景区的门票、演艺票、乌篷船票甚至预订周边的住宿、餐饮等，享受快速便捷的"一站式"服务。

三、借助"抖音"发力，让鲁迅成为国民"达人"

"抖音"作为时下"国民级"的短视频平台，除了记录美好生活，在传播纪念馆形象和优秀传统文化方面，同样体现出较大的社会价值和关注度。

2019年底，"抖 IN 绍兴"城市宣传活动暨2019区域互联网行业大会在绍兴举行。绍兴鲁迅纪念馆作为绍兴文化旅游的一张"金名片"，成为全国各地大批抖音达人、优质内容创作者的首选打卡之地。喝黄酒，坐乌篷船，拍短视频……达人们的优质短视频也让绍兴鲁迅纪念馆一度在抖音、今日头条、西瓜视频等多家短视频平台上开启霸屏模式，以新潮年轻的方式向公众展示了鲜活的形象。又如新冠肺炎疫情期间，绍兴鲁迅纪念馆相继推出了全景讲解、防控知识宣传、"春暖花开，我们等你"等线上视频，其中复工视频"春暖花开，我们等你"，代表绍兴在中国文化传媒集团自媒体矩阵平台、"文旅中国"App、中国文化传媒网上推出。短视频平台与纪念馆的成功链接，开启了政务短视频新纪元，展现了纪念馆宣传的无限可能性，走出了一条纪念馆文化传播新路径。2020年4月9日，绍兴鲁迅纪念馆官方抖音账号注册开通，形成"官网、微信、微博、抖音"四驾马车并行的馆区网络宣教新模式，相继推出了"来绍兴，这样玩，这样购，这样吃，这样住，这样学"等系列主题短视频，受到广大网民的好评。融入时代潮流的绍兴鲁迅纪念馆在创新守正中不断显现自己的青春活力。

四、用"三喜"形式，探索传统宣传新出路

绍兴鲁迅纪念馆联合本地主流纸媒，发布更多贴近社会公众生活的新闻报道，通过通俗易懂的语言，用公众喜闻、喜见、喜阅的形式，宣传纪念馆形象。近年来相继推出了馆区宣教栏目"乌瓦粉墙的故事"系列，结合地域文化和鲁迅文化，用散文的笔调、故事体的形式记录鲁迅家发生的一件件好事喜事，如《乌瓦粉墙的故事之马拉松》通过记录 2017 绍兴国际马拉松赛鲁迅故里赛道的精彩片段，揭示鲁迅文化和马拉松精神的内在联系，受到社会各界的好评。这样情理交融、图文并茂、每篇不超过 2000 字的"软文"写法，打破了博物馆传统宣教中严肃正统、相对冗长的"学院派"模式。

联合江浙沪三地晚报，举办"江浙沪新少年作文大赛——重写《从百草园到三味书屋》"活动，联合名校名师举办百草园公开课、三味书屋公开课等；主办"走近鲁迅"征文大赛，向全国中小学生广泛征文，引导广大学生深度解读鲁迅作品，领略鲁迅笔下的风情，在寓教于乐中接受鲁迅文化和鲁迅精神的熏陶。2018 年还与馆区所在的塔山街道党工委、纪工委联合摄制清廉微电影《立人为本——鲁迅先生的家风》。

重视电视传媒宣传。通过全国各大电视媒体，利用其庞大的受众群体，持续提高鲁迅故里、鲁迅故乡的知名度和影响力。2017 年 1 月，CCTV 音乐频道播出了《水乡越歌祝福年》节目，介绍了鲁迅笔下的绍兴风情；2017 年 2 月，浙江卫视综艺节目播出了绍兴特辑，带领观众开启一场重返学堂的文化之旅；2019 年中央电视台《跟着书本去旅行》节目来绍兴鲁迅纪念馆取景，向观众展现了鲁迅的生平事迹；2019 年 9 月，部

分主流媒体报道了绍兴鲁迅纪念馆景点拆除封闭式街区围墙，开启新视野的新闻。2020年新冠肺炎疫情期间，又陆续推出"手袋里的文博""鲁迅信札和书法珍赏""新越游便览"等线上原创展，同时先后在《中国文物报》《快报收藏》《上海鲁迅研究》上发表，以鲁迅文化为"疫苗"，传播博物馆正文化，受到各方好评。

五、结语

经过近几年的实践，绍兴鲁迅纪念馆在新媒体宣传推广工作方面做到了积极、主动和创新。今后，绍兴鲁迅纪念馆将继续利用新媒体技术积极探索，不断尝试，开辟新媒体宣教更加广阔的天地。

"互联网+"语境下博物馆如何创新宣传模式

——以台州博物馆为例

项超英、鲍思羽/台州博物馆

摘 要： 当下，大数据、物联网等信息技术快速发展，为文旅大融合背景下的博物馆事业发展带来新的契机。在"互联网+"语境下，台州博物馆作为年轻的地市级博物馆，抓住机遇，利用现代化信息技术，倚重新媒体，创新宣传模式，有效推动文化传承、传播，为文旅大融合添砖加瓦。

关键词： 互联网+；创新；宣传模式

"互联网+"是以互联网为主的新一代信息技术（包括移动互联网、云计算、物联网、大数据等）在经济、社会生活各部门的扩散、应用与深度融合的过程，本质是传统产业的在线化、数据化。2018年10月8日，中共中央办公厅、国务院办公厅颁布的《关于加强文物保护利用改革的若干意见》，进一步明确提出"发展智慧博物馆，打造博物馆网络矩阵，激发博物馆创新活力"，要求我们开拓创新，将"互联网+"与"文博行业"相融合，利用云计算、物联网等技术激发博物馆活力。

博物馆是信息的载体，博物馆的工作是将其中的历史信息保管好，采集、破译、解读出来，并且传播给合适的受众。在"互联网＋"语境下，公众对文化的高度关注，为博物馆迎来最佳的发展时期。有人说："为赴一座馆，走进一座城。"要达到"为赴一座馆，走进一座城"的吸引力，宣传很重要。台州博物馆是一座年轻的博物馆，存在着馆藏资源短缺、人力资源缺乏等方面的劣势，如何挖掘有效资源，突破瓶颈，是其获取社会影响力的关键。为此，台州博物馆着眼于"教育是博物馆的第一要义"的视域，抓住机遇，充分发挥新媒体作用，创新宣传模式，取得了显著成效。

四年来，观众参观热情持续高涨。据统计，开馆四年参观总人数高达 138 万，未成年人 42 万。2019 年红爆台州朋友圈的夜场活动暨配展活动"唐潮一梦"，日流量高达 4000 多人次，出现馆外排队长达 500 多米的现象级事件。"唐潮一梦"是台州博物馆创新宣传模式的典型案例，2020 年该活动荣获浙江省"第四届博物馆免费开放最佳媒体宣传奖"。下面以此为例，阐述台州博物馆在"互联网＋"语境下，如何创新宣传模式，激发博物馆活力。

"内修功力"：着力宣传策划，健全宣传体系

基于唐三彩本身就有很强的知名度，再加上传统文化复苏和流量网剧《长安十二时辰》的热播，观众已对唐朝盛世华彩产生了丰富的想象，尤其是剧中话题度很高的精美服饰，既有足够的知识体系支撑，又能发掘其背后与"人""物""事""史"之间的联系，具备传播热度的属性，于是台州博物馆将此作为宣传"切入点"。

在预热期，以微信推送精心设计的展讯为主，以激发观众兴趣为目标。如利用《长安十二时辰》中的精美剧照，引出剧组参考的原型——唐三彩。通过介绍三彩陶俑外形，与剧中服装、化妆造型进行还原度的对比，让观众产生一窥究竟的冲动。

在集中宣传期，以微信推送用心策划的活动为主，以层层递进的活动体验引爆参观热潮为目标。针对不同年龄层推出特色课程"大工匠——纸间盛唐"和"小玩童——釉光溢彩、小小考古家"。针对"汉服爱好者""喜爱国潮的年轻人""夜间休闲在家的上班族及亲子家庭"等细分观众群体，以复兴传统文化服饰为抓手，以"让文物活起来"为方向，推出首个夜场活动"唐潮一梦——博物馆奇妙夜"。这也是台州博物馆最具亮点与创新的宣传手段。该活动以唐风市集、展厅导览、唐风走秀和国风电音为四大内容，以特色活动为驱动，兼具教育性、趣味性、科普性，吸引了众多非专业群体参加。微信推送从市集招募令再到活动倒计时预告，连续用"四海八荒请注意""明夜不打烊"等抓人眼球的标题，持续引发话题和讨论，吊足观众胃口。以微信公众号阅读量为例，不算其他"大V"号转发，仅"台州市博物馆"公众号阅读点击量就高达2.6846万次，创历史最高。活动当天，馆内外分别设置限定小酒馆和古风市集快闪店，提供美食美酒及汉服展示售卖区域，供市民体验打卡拍照，重现大唐繁华景象，现场还有投壶、射礼、舞蹈快闪等互动游戏，为内场活动做引流和铺垫；在身穿汉服的讲解员做"唐三彩"导览后，一场"太平公主初遇薛绍"的沉浸式戏剧表演使整场活动达到高潮，"唐风走秀"的11位志愿者模特，身穿复原唐制汉服款款而来，再现唐朝在不同时期、不同场合的服饰着装和发型妆面，生动还原古人的时尚追求和精神风貌，其间配备解说词，供观众欣赏之余，帮助其进一步读懂造型背后的时代变迁及文化内涵。为了更好地呈现视觉文化盛宴，台州市博物馆特别邀请国内知名的"纳兰"妆造团队，对展示服装完整性、妆容还原度做了相对严格的要求。博物馆夜场活动在台州是首次举行，一经推出就受到观众强烈追捧。当天有4000多人走进台州博物馆，夜场活动参观人数高达2500多人，除了目标群体，还吸引到很多老年人和儿童，馆外排起了500米的长队。活动结束后，观众久久不愿离去，馆方临时决定加演一场，满足观众需求。

在深度推广期，以微信推送活动回顾和深入解读为主，以让观众意犹未尽为目标。夜场活动后第二天立即推出以"大梦初醒　恍若隔世"为标题的活动现场报道，用大篇幅的照片和视频资料，让观众回顾当晚情境，产生意犹未尽的共同记忆，并建议观众及时转发朋友圈，使唐三彩的话题度得到进一步发酵。同时适度放缓宣传频率，避免审美疲劳，转而策划展品故事、解读文化内涵等专题内容，蓄力再引发一波参观小流量。

"外修合力"：联合外界新媒体发力，全力覆盖观众群体

台州博物馆联合社会公众平台，对目标观众群进行精准宣传，扩大影响力。"唐潮一梦"活动的目标群体是中青年群体，为此，台州博物馆邀请台州青年发声平台——"台州小地堡"作为联合主办单位。预告期，"台州小地堡"微信公众号点击量高达7.9万次，其他转载平台如"微椒江"点击量达2.3万次，总点击量超过13万次。为扩大影响力，台州博物馆还联系网易、无限台州、台州映像三家媒体进行视频直播，与花开映像合作进行图片直播，以便观众及时收看现场表演和下载高清大图并

在朋友圈进行"病毒式传播"。据不完全统计,"唐潮一梦"直播总点击量达76.5万次,其中网易直播46万次,台州映像8.3万次,无限台州2.5万次,花开映像19.7万次,数字惊人,效果显著。在百度搜索该展览,相关词条达24,300个。

"唐潮一梦"是台州博物馆宣传模式上的一个成功的典型案例,但它也只是一个活动而已,它的影响力毕竟不能持久。大众的眼睛是雪亮的。在"互联网+"语境下,如果"肚子里有货",大众自然而然会"为你买单"。台州博物馆自2017年以来,一直在不断地创新,每年都有"大动作",以抓住大众的胃口,使其"心甘情愿"为博物馆转发、宣传。

2017年,台州博物馆创设三大品牌教育活动,即"小玩童"系列活动、"小课堂大历史"系列活动、"大工匠"系列活动,以更好地解读优秀文化,坚定文化自信。所有活动都通过微信报名,三年来共开设教育活动390场,吸粉不少。"小玩童"系列活动主要针对青少年开展,强调的是"做中学、学中做"的理念,以丰富多样的活动形式,达到寓教于乐的目的,让广大青少年在生动有趣的活动中加深对台州文化的了解,种下文化的种子,以期有一天美丽绽放。"小课堂大历史"系列活动在专门打造的特色教室中进行,让青少年在古色古香的教室中感受古人在书院上课的氛围,通过学习如何穿汉服了解传统礼仪,使青少年切身感知传统文化的魅力,同时通过听授课老师分享生动精彩的历史小故事,现场表演情景剧等,提升核心素养,为幸福明天奠基。"大工匠"系列活动的受众对象是成年人,是以弘扬工匠精神为目的开展的特色活动。希望在快节奏的现代化生活节奏中,大家能够放慢脚步,享受博物馆带来的片刻宁静,感知传统文化的魅力,感知精益求精、精雕细琢的精神内涵。

2018年,以"从传统中创新,让艺术和生活结合"的文创发展理念,

台州博物馆创造性地开发"和合文化"系列文创产品，首次以文创发酵朋
友圈，效果显著。"和合文化"系列文创产品把青少年及青年作为目标群
体，以喜闻乐见的孩童形象，将"和合文化"内在的、精神的方式灌注到
文创产品设计中，开发出可供观者收藏的具有文化意涵的产品，彰显台
州作为"和合文化"起源地的独特魅力。批量生产的"和合文化"文创产
品包括便利贴、文件夹、尺子、书签等 12 个品种 27 款产品，既有文化
价值又实用，使用频率高，传播宣传效果好，不仅受市民喜爱，也受政
府交流团欢迎。

2019 年，首开的夜场活动"唐潮一梦"，刷新了大众对台州博物馆的
认知，为台州博物馆赢得了很好的美誉：这是一座有创新意识、有活力又
有意思的博物馆。同时网络直播点击量高达 76.5 万次，创下台州博物馆
新媒体点击量最高纪录。

2020 年，在新冠肺炎疫情影响之下，台州博物馆因事制宜，首创线
上展览"红尘博物馆"，以"每一件展品都值得被纪念、被珍藏"的理念，
以时间为容器，以俗人俗事为材料，打造一座充斥着烟火气的线上博物
馆，它记录着柴米油盐的当下，寄予着多元包容的未来，这也是台州博
物馆对 2020 年国际博物馆日主题"致力于平等的博物馆：多样与包容"的
诠释。该展览历时 40 多天，面向全体市民征集了 100 多件展品，筛选了
80 件做成线上 H5 展览，在 5·18 国际博物馆日当天，在"台州市博物馆"
微信公众号发布，台州本地多家知名微信公众号进行转载。该展览以 8
扇任意门的形式进行展示，每打开一扇门就有 10 个故事，每扇门里表达
着各异的情绪，诉说着多元的故事：回家的车票勾起的乡愁、新冠肺炎疫
情下与妻书的思念与动容、青春记忆里的天真热血、老物件的沉淀、椅
子特辑、梦中的诗歌、永恒的爱……通过策划此线上展览，让大众透过

博物馆的视角了解过去的生活，关注当下和未来的关系，引发深度的思考，从而发挥博物馆桥梁和纽带的作用。

2020 年 4 月，台州博物馆首开"线上台博"活动。据统计，4 月以来共开设"线上台博"活动 20 场，近 360 人受益。特别值得一提的是，为致敬台州医护人员，台州市中心医院和台州市第一人民医院开设"线上台博——台州刺绣"活动，深受台州医护人员喜爱。6 月注册 bilibili 账号，在 b 站宣传台州博物馆，传播台州优秀文化。小小讲解员张翼驰代表台州博物馆参加《中国文物报》主办的"云讲国宝"活动，在 b 站首秀，向全国人民介绍台州一绝——"仙居针刺无骨花灯"，目前点击量超过7000 次。

"文化是老传统的价值守护，文创是新生活的时尚创生。"2020 年台州博物馆又开发"台博君"系列文创产品，反哺社会，为台州博物馆吸睛。"台博君"IP 形象原型为明代的台州人王士性，他是一位与徐霞客齐名的旅行家，他在所著的《广志绎》中最早提出了文化地理学理念，这比西方黑格尔要早 200 年，台州博物馆三楼民俗厅就是以他的文化地理学理念进行布展的。因此，"台博君"IP 形象设计定格在"王士性"身上，他的人设定位为"自诩浪漫游侠，本质是中二青年"，他具有探险精神，喜欢游山玩水，每次旅行时还喜欢发朋友圈。他的梦想是"让台州走向世界"。同时还以温岭出土的具有盘王之称的"青铜蟠龙大盘"为原型，设计了"台博君"的好朋友兼私驾"盘盘"这一形象。"盘盘"的性格特征是懒散，喜欢卖萌，偶尔会调皮捣蛋（拆"台博君"的后台），喜欢睡觉，特殊能力是腾云驾雾、变身、倒头就睡，他是台博君的私驾、靠枕。"台博君"与"盘盘"以"一正一谐（诙谐之意）"的形象贯穿整个文创产品设计之中，演绎着他们为实现梦想而不断冒险探索的故事，也诠释出文旅大融合背景下"诗和远方"的概念。

"台博君"系列文创产品包括冰箱贴、杯垫、T恤、午休毯、钥匙扣、相框、胸针、新文房四宝礼盒装等品种。此外，为了更好地宣传"台博君"，台州博物馆还开发了"台博君"公仔、穿戴式人偶，设计了动画片和MV。在形象发布期间，108路公交车车身和公交车站台上也投放了"台博君"形象广告。整个"台博君"系列文创产品形式可爱呆萌，而且新颖有趣，以上所有为"台博君"发力朋友圈创造了素材。台州博物馆将来还会与其他博物馆或本土品牌合作推出"台博君和他的朋友圈"联名文创产品。同时还设计了绘本和图文本的"山魂海魄"展，开启了"博物馆进校园"活动。台州博物馆希望通过"台博君"形象的打造，确立一个有辨识度、有共鸣的文化品牌，向年轻化、亲民化、普及化的方向转变，为台州文旅品牌的树立尽一份力。

"星光不问赶路人，时光不负有心人。"未来的路还很长，在"互联网＋"的语境下，台州博物馆唯有顺应时代潮流，不断探索，不断实践，有效推动文化传承、传播，为文旅大融合添砖加瓦，才能"不负时光不负卿"。

参考文献

[1] 王娟，张儒麟."互联网＋"背景下的博物馆文创产品研究 [J].包装工程，2020（6）.

[2] 李怡."互联网＋"智慧博物馆建设思考 [J].合作经济与科技，2020（6）.

[3] 向勇.故宫文创：传承优秀传统文化的先锋实验 [N].人民论坛网，2019-4.

长兴太湖博物馆智慧化的实现

钱中慧/长兴县博物馆

摘　要: 本文介绍了长兴太湖博物馆智慧化建设规划与实现效果。通过文物的数字化采集与管理、面向社会公众的宣传与服务及博物馆日常办公三方面，讲解整个智慧化博物馆系统的具体实现与应用，在保护和管理好文物的同时提供社会服务，并充分利用现有技术达到科技保护、科学管理的目的。

关键词: 智慧博物馆；文物；观众服务；日常办公

2019年1月13日，长兴太湖博物馆（长兴县博物馆）正式开馆。作为环太湖流域的地标性文化建筑和长兴县重点工程，长兴太湖博物馆建设是长兴县完善公共文化服务的基础。智慧博物馆的设计与实现顺应文博行业发展趋势，利用信息技术满足博物馆的管理和公众服务的要求，发挥博物馆文物管理、展览展示、文化教育等社会服务职责。整个智慧博物馆的建设主要包括对文物的数字化采集与智能管理，博物馆日常办公与资源的管理及面向观众服务的门户网站、微信公众号建设等。

一、文物的数字化采集与智能管理

（一）文物的数字化采集

数字化是文物保护和智慧博物馆建设最基础的工作，是博物馆智慧管理的基本对象。"文物数字化"，顾名思义，就是使用数字化技术将文物、古迹的平面与立体信息、图像与符号信息、声音与颜色信息、文字与语义信息等等，表示成数字量，并方便地存储、再现和利用的技术。

以前博物馆是以实物展陈为主，并借助社会教育活动、图书、宣传资料等进行宣传展示。由于文物本身的历史价值与文化价值，其在博物馆展厅内展出时往往存放在展柜内或用护栏等方式隔离观众以免损伤，而这样的展出方式不可避免地限制了观众的观察角度。博物馆可以通过对馆藏文物进行数字化信息的采集，并根据不同的服务目标制作相关的宣传影片等，以不同的展示方式为社会公众服务，提供丰富生动的内容。

长兴太湖博物馆为开展数字化服务和给宣传展览提供必要的素材，将馆藏的重点文物和具有长兴地方特色的文物进行了数字化采集。其中一级文物及一部分精品二级文物通过三维建模采集信息，其余重点文物和具有特色的立体文物进行了360度环拍，部分普通等级文物和平面藏品通过高清拍摄及扫描进行数字化采集和存档。值得一提的是，长兴太湖博物馆收藏的3000多张户地原图通过扫描全部编号存档，为之后的资料查询提供了更多便利。

数字化采集的文物信息丰富了博物馆展览形式，博物馆不仅可以通过展厅的导览机等设备展出三维建模和高清拍摄的文物，便于观众多角度、全方位地鉴赏文物，观察文物细节，还能通过微信公众号、博物馆官方门户网站等多渠道线上展出，方便社会公众"云"上观展。除此之外，博物馆"进校园""进社区""进军营"等巡回展的开展也借助数字化文物信息弥补了实物展品无法展出的不足，使得展览更受普通民众欢迎。

需要注意的是，由于文物本身的脆弱性和不可复制性，为保护文物安全和提高工作质量，文物数字化采集加工需严格遵循《中华人民共和国文物保护法》《博物馆条例》《博物馆藏品管理办法》《博物馆藏品二维影像技术规范》等法律法规。

（二）库房环境监测与调控

空气的温度和相对湿度是衡量文物库房气候环境的主要指标。不同的藏品对温湿度的要求不同，而库房内的温度和相对湿度会随着大环境温湿度的变化而变化。为了能及时控制调整库房温湿度，库房内安装了温湿度监测装置，并借助计算机和现代通信技术，让库房温湿度在库房安保室的电脑上显示，以便工作人员检测库房温湿度；配置了多台恒湿机或除湿机，通过预先设定库房所需湿度自动除湿或加湿，以保证库房湿度。除此之外，库房还设置了 CO_2、VOC、CH_2O、PM2.5、SO_2 等的检测设备，并在电脑端实时监控。

（三）文物管理系统

长兴太湖博物馆文物管理系统主要包括不可移动文物管理系统和藏品管理系统，主要针对博物馆的文保部和保管部开发，为文物建立数字档案，方便文物的管理。

不可移动文物管理系统面向不可移动文物管理的日常管理部门、考古部门和文物局，按照全国文物普查不可移动文物登记要求，将不可移动文物管理过程中的考古记录、报告、遗址管理文档、相关保护措施报告、测绘记录等信息形成长兴不可移动文物档案库，实现对不可移动文物的有序管理。除了将原有的不可移动文物资料进行数字化保存外，不可移动文物管理系统还及时更新不可移动文物巡检记录，便于管理。

藏品管理系统面向博物馆的保管部门，满足博物馆从藏品征集到藏品登编至入库及日常藏品点交的整套业务管理工作信息化应用的要求。系统功能包括藏品征集、鉴定、登编、管理，账目管理，事务追踪，国家文物普查等，并在首页将登记的文物信息以图表统计的状态显示，便于查看藏品总数、各分类总数等相关信息。

二、博物馆日常办公与资源管理

（一）综合管理系统

长兴太湖博物馆的这一套业务系统包含了官方门户网站及后台管理系统、OA 办公管理系统、藏品管理系统、不可移动文物管理系统及数字资源管理系统。为方便管理与使用，综合管理系统将业务系统内的多个网站系统集成在一个页面上，可以通过登录综合管理系统便捷地进入其他网站系统，并且达到各系统数据的一致性和关联性，满足不同的管理需求及业务人员不同的信息化应用需求，结合用户权限实现馆内应用的安全访问，全面消除信息孤岛，保证各应用系统的有效协同工作。

（二）数字资源管理系统

数字资源管理系统面向全馆不同部门，对文物保管部门开展日常的文物数字化和国家文物普查工作成果，展览部门展览项目的策划、设计、展览开幕、数字展览成果，社教部门开展观众活动的照片、视频记录，馆际、馆校合作教育成果，行政办公部门对博物馆发展过程中的重大时刻、领导接待影像记录，以及其他所有的数字化档案进行统一归档、存储、管理，系统支持文档、图像、视频、音频、三维影像等主流的资源格式，各部门可以通过新建文件与上传资源备份和管理文件，也可以通过全局搜索寻找自己所需要的文件，满足了全馆对历史成果的统一归档和利用要求。

（三）OA 办公管理系统

OA 办公管理系统按照地方行政办公信息化业务处理要求，结合馆内日常办公和业务处理流程，满足全馆人员日常办公文书收发、人事管理、党政事务处理、工会管理、会议室管理和用车管理等办公需求，为办公室业务实现全馆人事、外事、信息资讯等方面工作的自动化流转，有助于行政办公人员协助馆内领导制订全馆工作计划，督查馆内各部门抓好各项中心工作，具体包括全馆的公文处理、人事劳资管理、考勤、职称评定、档案管理、信访管理、现代化办公设备管理、职工岗位培训、劳动纪律维持、办公秩序维护、软环境建设及综合协调等工作。

三、观众服务

（一）智能导览讲解

博物馆为实现服务的便利性，不仅在展厅设置了自助导览机，为讲解员和听众配置了讲解器，还通过移动端实现了蓝牙讲解和重点器物的解读。

展厅自助导览触摸屏放置于博物馆公共区域，参观者可以通过公共区域内的触摸屏，了解博物馆概况，查询各个展览内容概要，了解各个楼层的空间布局及参观浏览的其他各项相关服务信息等内容。博物馆通过智能化的终端设备和控制系统可实现导览机的开关机、内容播放管理及实时控制。

长兴太湖博物馆日常接待学校、机关团体和其他旅游团时，由博物馆的讲解员通过一对多开展团队讲解服务，团队讲解服务设备由佩戴式的播放和接收设备组成。观众戴上耳机式的接收设备即可清晰地听到讲解员的讲解，避免了人流拥挤，也降低了扩音器等导致的噪音。除此以外，自助参观的观众可关注长兴太湖博物馆的微信公众号，通过微信公众号在馆内开启蓝牙讲解功能。结合无线网络接入和蓝牙定位，展厅内的设备会自动触发语音讲解，根据观众所在位置自动切换讲解内容。

（二）数字展厅

数字展厅通过 360 度全景全面展示长兴太湖博物馆景区的美，并通过数据加工合成虚拟三维博物馆，观众可以在虚拟的数字博物馆空间中漫游，配套数字热点通过视频、图片、文字等方式对展厅中的文物进行全方位的了解。博物馆将数字展厅集成到微信公众号、门户网站及其他公众平台中，使用户通过互联网就能够实现虚拟体验，吸引观众来馆参观。在疫情闭馆期间，数字展厅也为想要参观博物馆的观众带来了很大便利。

（三）门户网站与微信公众号

长兴太湖博物馆门户网站根据不同群体的需求，以互联网应用为出发点，运用先进的数字化手段和多种多媒体展现方式拓宽博物馆展陈模式，全面形象地展示历史文化魅力，拓展博物馆公众服务范围，服务于公众团体的历史文化、科普教育。门户网站按内容分为首页、概况、服务、展览、典藏、学术、资讯、党建风采和文旅融合九个板块，可满足不同群体的需求。

目前，微信公众平台已经成为博物馆推广服务的必备平台，为用户提供了一种全新的与博物馆互动沟通的模式。微信公众平台的内容主要包括博物馆介绍，固定陈列、展讯、馆藏精品、活动、服务介绍，馆内导览，参观预约等功能。观众既可以通过微信公众号下方的菜单选择想要了解的信息，也可以通过微信公众号预约进馆。观众在预约合适的时间后，到馆即可扫描个人预约二维码进馆，方便快捷，也便于博物馆统计相关数据。

除此之外，长兴太湖博物馆不仅借助浙江博物馆公共服务综合平台将门户网站、微信公众号中定期更新的展览、临展、活动信息等相关数据进行记录并对展览活动进行宣传，加强了馆际交流，其展览信息还被纳入"博物官——浙江博物馆聚落平台"，通过博物官能更自主及时地更新临时展览内容，以声音、图片等方式丰富展品解读形式。

参考文献

魏利伟，李文武，刘俊华.国内外文物数字化保护标准现状及趋势研究[J].中国标准化，2016（6）：91-96.

探索文博特色资源融合出版与传播的 "浙江模式"

陈丽霞/浙江大学出版社

摘　要: 文化产业作为新兴的经济增长点,正孕育着巨大的发展空间。本文基于浙江省文博特色资源规模和其在中华文明中的地位、浙江省经济社会发展的独特基础与区位优势,以及与"互联网 + 中华文明"的互动需求等,提出以文博特色资源融合出版与传播为核心,构建开放生态,努力谱写文化产业蓬勃发展的浙江篇章。

关键词: 文博特色资源;融合出版与传播;"浙江模式"

　　文化产业作为新兴的经济增长点,正孕育着巨大发展空间的可能。与此同时,2016 年 9 月,G20 杭州峰会之后,我们深切感受到浙江的文化品牌在不断升值,国际影响力在迅速提升。借此发展契机,浙江可依靠良好的文化产业基础,以文博特色资源融合出版与传播为核心,构建开放生态,成为文化传承的载体和体现精神文明建设的窗口。

在国家实施"互联网＋中华文明"工程的大背景下，基于浙江省文博特色资源规模和其在中华文明中的地位、浙江省经济社会发展的独特基础与区位优势，以及与"互联网＋中华文明"的互动需求等，国家文化遗产保护科技区域创新联盟（浙江省）围绕"如何以出版为桥梁，传承弘扬好中华优秀传统文化，讲好浙江故事"的主题，于 2019 年 12 月 12 日在浙江大学组织召开了"文化遗产保护传承与出版专题研讨会"，浙江省文物局领导，浙江大学、浙江理工大学、浙江省博物馆、浙江省文物考古研究所、浙江省古建筑设计研究院、中国丝绸博物馆、杭州市园林文物局、宁波市文物考古研究所、浙江大学出版社等区域创新联盟各成员单位代表和创新联盟秘书处代表，良渚博物院、中国茶叶博物馆、浙江自然博物院、温州博物馆、杭州工艺美术博物馆等的专家代表，与浙江大学出版社的同仁们共同回顾了文化遗产出版传播领域的经验和成果，提出了下一步的工作计划。

浙江省文物局副局长曹鸿肯定了联盟单位在文化遗产保护传承、出版传播领域取得的丰硕成果，提议联盟单位提升协同攻关能力，优势互补，加强合作，为浙江省文博事业积累更多的有益经验和成功模式。创新联盟（浙江省）秘书长鲁东明教授介绍了浙江大学以数字化保护和精品出版等服务浙江文化遗产保护研究与传承的进展及计划，表示将进一步汇集浙江文博特色资源，整合优势，创新方式，打造标杆式的浙江文明传播模式，构建浙江文化遗产研究保护与出版传播生态，以精品出版讲好中国故事，助力世界文明的交流互鉴。杭州银美科技有限公司董事长杭剑平以"科技与服务助力浙江文博出版"为主题，分享了多次参与乌镇世界互联网大会"互联网＋中华文明"展览数字化展示、中华文明高校行等工作的经验，对互联网技术如何为博物馆的现有资源赋能，活化文博成果进行了探讨。对于如何通过出版助力文化遗产保护传承，传播浙江声音，讲好中国故事，与会文博专家和高校学者发表了各自的经验与看法。

（1）积极挖掘、整理、传播文化遗产优质内容资源，共同构建、不断完善浙江文化遗产保护研究与出版传播生态。贯彻落实"三个活起来"，以"精品化、数字化、国际化"助推中华优秀传统文化、浙江文明的多样化呈现与国际交流。

（2）借创办文化遗产国际顶级期刊，扩大中国学者及其研究成果在文化遗产研究领域的国际影响力。浙江大学出版社将积极争取国家文物局、浙江省文物局及各文博单位、文化遗产研究机构、高校文化遗产学科力量的支持，通过书刊互动，把中国文化遗产保护优秀研究成果推向世界。

（3）进一步活化利用浙江文博机构馆藏资源，加强馆藏资源的数字化传播利用。启动文化遗产与艺术图像数字出版工程，通过知识图谱建设，用浙江文化遗产讲中国故事，集聚博物馆专家、艺术家、媒体专家等各方力量协同创作。以"文明之光"为品牌，常态化开展文化遗产保护与传承的专题研讨会；汇聚浙江省优质精品文博资源，推进文化遗产融合出版项目。

（4）创新文化遗产传播与文博社会教育模式。进一步做好"良渚文明丛书""中国古代丝绸设计素材图系""走向世界的良渚文明"展的海外传播、进校园等宣传推广工作；推进"文明之光"文化遗产主题书架项目，在浙江省文博机构的工作区域与公共区域，面向工作人员和观众设立差异化的展示书架，由浙江大学出版社提供精品图书选配和优质文化活动配套服务，促进文博单位的经验交流分享与对观众的知识服务。

中共浙江省委全面深化改革委员会 2021 年初提出了《浙江省数字化改革总体方案》，文博特色资源融合出版与传播应当紧跟潮流，基于这些年的思考与实践，笔者提出探索文博特色资源融合出版与传播的"浙江模式"的若干建议。

（1）将文博特色资源的融合出版和体验服务研发体系化、平台化。

随着文化传播技术的深刻变革，若要打造健康的、积极向上的文博特色资源融合出版和体验服务，同时增强参观者对博物馆的黏性，必须进行体系化的创新，同时需要众多后台支持，并坚持走回归本源，以优质文博特色资源内容建设为根本，先进科学技术为支撑的融合发展之路。

浙江素有浓厚的创业氛围，可通过政策引导和资金支持，鼓励年轻创客在浙江创业，积极挖掘文博特色资源的价值和文化内涵，研究并孵化、运作科创、人工智能等能树立行业标杆的新技术和新产品，让文化传承的人文情怀成为实实在在的贡献。

（2）建设基于出版服务并受大众欢迎的博物馆公共服务体系。

博物馆公共服务包括文博特色资源的融合出版、传播交流，藏品鉴赏，特色展览等各种文化活动，这些也已渐渐纳入普通大众的日常生活或消费行为之中。当然文博特色资源融合出版与传播不能止于呈现形式，更多地应体现在以德育人的精神文明传承上。通过合理布局，整合并优化文博特色教育资源，为学生提供文博特色教育资源进校园的创新实践活动和校外教育的新型学习空间，即可以根据文博特色资源的不同内容，设计不同课程，如通过阐述并展示琴棋书画等中华文化精髓，让学生们学艺更修心。

浙江出版传媒企业也应发挥浙江的区位优势和人文优势，与文博单位、知名中小学等合作，积极开展青少年文博讲堂和各种文化体验活动。

同时发挥好浙江"互联网＋"的优势，争取发掘出网上教育等平台载体的辐射集聚效应，通过一系列不同规模、不同层面的线上线下的教育培训活动，使优秀的文博特色资源内容立体化传播、多样化呈现、多渠道推送，不断提升博物馆的影响力，推动"互联网＋文化遗产教育"发展，进而打造卓越的文博教育品牌。

（3）筹建文博活动策划和文博特色资源传播的运营团队。

文博特色资源融合出版与传播活动从一开始就需要做到统筹规划，因地制宜。浙江文博特色资源的融合出版与传播，既要打造"一地一城一品牌"，又要做到经济效益上的可持续性，这必须从策划开始就走市场化的道路，对接需求，突出特色。浙江出版传媒企业也应积极开展对外合作，吸引有实力的运营团队共同参与，让它们成为浙江出版主业和融合服务的智囊团。

在国家文化遗产保护科技区域创新联盟（浙江省）、浙江省高等学校图书情报工作委员会的协调指导下，继续推进"中华文明高校行"展览巡展及系列活动。同时，应进一步加大文博特色资源"走出去"的力度，选择性地搭建海外文博特色资源出版与传播的运营基地，大力推介优质文博特色资源，推动文明互鉴。

（4）打造博物馆特色资源创意设计的众筹众创基地。

时下创意设计的优势日益彰显，80后、90后的文化消费群体不喜欢千篇一律，而中产阶级的审美意识也在不断提升。浙江集聚了大批艺术院校和文创设计企业，通过打造示范性的博物馆特色资源创意设计的众筹众创基地，使"原创、首创、独创、外拓"的精神成为浙江文博特色资源融合出版与传播的原动力和创造力，形成文创时尚，打造顶尖创意设计高地。

浙江省在陈列展览方面一直走在全国前列，"十二五"期间获得全国博物馆陈列展览精品项目3个精品奖、3个优秀（胜）奖，"十三五"期间获得2个精品奖、2个优秀（胜）奖，全省的十大陈列展览质量也很高，展览交流巡展具有一定的规模效应和影响力。每年挑选若干个精品陈列展览成集出版，已形成常态，浙江省正努力让精品陈列展览品牌引领全国。

（5）建设文博特色资源优质版权的服务交流中心。

数字人文是针对计算与人文学科之间的交叉领域进行学习、研究、发明及创新的一门学科。在融合的过程中，相关学科都会有所发展，全球已经建立了200多个数字人文中心或研究机构。数字人文建设关系中华文化的传承，当今需要用新技术来重构和处理传统人文资料，以互联网新生代所习惯的阅读方式和认知模式呈现传统典籍，在触屏时代继续中华文化的传承。

浙江出版传媒企业应积极争取与世界各地的博物馆、艺术馆、美术馆和文博单位等形成文博出版与传播联盟，建立版权代理关系并进行资源共享。通过代理优质版权，还可以培养一批视野开阔、站在文化与出版服务前沿的复合型人才，不断促进文博特色资源的融合出版和文化交流，进而加快形成文博产学研合作的"浙江模式"。

中小型博物馆数字博物馆系统架构研究
与应用调研报告

一、调研方案

（一）调研目的

　　本次调研的主题是"浙江省中小型博物馆数字化建设的需求"，计划于 2018 年 1 月至 2020 年 12 月，通过对浙江省中小型博物馆的基本情况、日常业务管理、藏品数字化工作、陈列展览、网站与社交媒体、研究与教育等方面的实地调查，了解中小型博物馆对数字博物馆建设的意识、态度、现状及期待，分析影响博物馆运行的关键因素，结合科技和博物馆业务，为进一步研究中小型博物馆数字博物馆系统架构的定位和适用性提供客观可靠的参考依据。

（二）调研对象

在浙江省 23 家二级博物馆、33 家三级博物馆，以及行业博物馆范围内选择调研对象。此次调研 18 家博物馆，分别为桐乡博物馆、德清博物馆、杭州市工艺美术博物馆、海宁博物馆、景宁畲族博物馆、诸暨博物馆、东阳博物馆、兰溪博物馆、龙泉博物馆、宁波帮博物馆、瑞安博物馆、嘉兴博物馆、舟山博物馆、湖州博物馆、保国寺古建筑博物馆、慈溪博物馆、衢州博物馆、余姚博物馆。

（三）调研方法

本次调研主要采用结构式访谈的标准形式——问卷调查，让馆方自填问卷。

调研问卷内容主要为以下六个方面。

（1）博物馆的基本情况：博物馆的规模大小、运营现状等。

（2）博物馆的日常业务管理：数字博物馆系统在博物馆内部综合业务管理中的应用现状及需求。

（3）藏品数字化工作：博物馆开展藏品数字化的采集（包括已进行数字化的藏品的数量与质量）、管理、利用工作的现状及需求。

（4）陈列展览：数字博物馆系统在线下公共服务与展示中的应用现状及需求。

（5）网站、社交媒体：数字博物馆系统在线上公共服务与展示中的应用现状及需求。

（6）研究、教育及其他：博物馆研究、教育业务的开展情况及需求。

调研问卷（特殊版式）

一、博物馆基本情况

1. 建馆时间：_____

2. 藏品数量：_____（件）

3. 工作人员数量：_____（人）

4. 展厅面积：_____（平方米）

5. 展厅数量：_____（个）

6. 年观众接待量：_____（万人）

二、博物馆日常业务管理

1. 博物馆信息化规划

（1）是否有五年信息化发展规划   □有   □没有

（2）每年是否有年度信息化、数字化计划   □有   □没有

2. 当前记录藏品信息的手段（可多选或说明）

□手工记录

□电子表格   启用年份：_____

□藏品信息管理系统   启用年份：_____

□其他：_____

3. 是否有博物馆信息化专职管理人员   □有   □没有

4. 是否对博物馆工作人员开展过信息化培训工作   □有   □没有

5. 是否有财务管理系统   □有   □没有

6. 请选择博物馆目前最需要的系统，并排序

□协同办公管理系统   □藏品信息管理系统

□文献管理系统   □非物质文化遗产管理系统

☐资产管理系统 　　　　☐博物馆环境监测与风险预控管理系统[1]

☐文物修复保护管理系统 　☐陈列展览管理系统

☐研究档案管理系统 　　☐社教活动管理系统

☐客流管理系统 　　　　☐志愿者管理系统

☐智能安保安防管理系统

三、藏品数字化工作

1. 藏品数字化工作开始时间：＿＿＿＿＿＿＿＿＿

2. 数字化藏品数量：＿＿＿＿＿＿＿＿＿（件）

3. 已有的数字资源类型包括（可多选）

☐文本型数字资源 　　　　☐二维图像型数字资源

☐三维模型数字资源 　　　☐音频型数字资源

☐视频型数字资源 　　　　☐动画型数字资源

4. 已有的数字化支撑设备（可多选）

☐大幅面高清数字扫描设备 　☐高精度藏品三维数字化设备

☐三维多光谱分析设备 　　☐高端图形工作站

☐图形工作站

5. 是否有藏品数字化资源管理系统 　　☐有 　☐没有

6. 是否有馆藏文物数字化采集系统 　　☐有 　☐没有

7. 是否有藏品数字资源展示平台 　　　☐有 　☐没有

8. 还需要完善哪些数字化方面的工作（可多选）

☐高清二维图像采集 　　　　☐藏品高精度三维建模

☐藏品高清环拍 　　　　　　☐展厅数字化三维定制

---

1 博物馆环境监测与风险预控管理系统：对文物保护的环境进行风险预估和预控，提高对馆藏文物的预防性保护的能力。

□ VR 视频定制

四、陈列展览

1. 陈列展览中已应用的技术手段（可多选）

□ 语音导览　　　　□ 360 度全息投影　　　□ 裸眼立体展示

□ 数字全景　　　　□ 数字档案　　　　　　□ 其他相关多媒体

2. 陈列展览中多媒体展示设备的数量：＿＿＿＿＿＿＿＿

3. 围绕展览还希望增加哪些服务（可多选或说明）

□ 展厅全景重建服务　　　　□ 基于位置的智能语音导览服务

□ 增强现实参观服务　　　　□ 藏品数字化体感互动展示服务

□ 展品三维打印服务　　　　□ 个性化文化衍生品供应服务

□ 其他：＿＿＿＿＿＿＿＿＿＿＿＿＿＿＿＿＿＿＿

五、网站、社交媒体

1. 现有网站情况

（1）建立时间：＿＿＿＿＿＿＿＿＿＿

（2）网站定位：＿＿＿＿＿＿＿＿＿＿

（3）主要服务（可多选或说明）

□ 多语言版本选择　　　□ 在线活动预约　　　□ 高清藏品欣赏

□ 藏品信息查询与检索　□ 数字展厅　　　　　□ 讲座直播视频

□ 在线网络课程　　　　□ 在线游戏　　　　　□ 在线文创商店

□ 其他：＿＿＿＿＿＿＿＿＿

2. 对网站升级的设想

（1）网站定位：＿＿＿＿＿＿＿＿＿＿

（2）网站功能：＿＿＿＿＿＿＿＿＿＿

（3）需要增加的网站服务（可多选或说明）

☐网站版本分众　　　　☐个性定制 [1]　　☐ 3D 虚拟漫游

☐数字社区　　　　　　☐其他：＿＿＿＿＿＿

3. 已有社交媒体及其用户量

☐微信公众号：＿＿＿＿＿＿＿

☐微博：＿＿＿＿＿＿＿＿＿＿

☐博客：＿＿＿＿＿＿＿＿＿＿

4. 目前急需通过社交媒体增强的功能（可多选或说明）

☐活动宣传　　　☐在线教育　　☐与公众的互动交流

☐资源共享　　　☐其他：＿＿＿＿＿＿

六、研究、教育及其他

1. 博物馆的 IP 资源包括：＿＿＿＿＿＿＿＿＿＿＿＿＿＿＿＿＿＿＿＿＿

＿＿＿＿＿＿＿＿＿＿＿＿＿＿＿＿＿＿＿＿＿＿＿＿＿＿＿＿＿＿＿＿

2. 科学研究

（1）是否开展文物价值挖掘工作

☐有 → 已开展的文物价值挖掘工作包括：＿＿＿＿＿＿＿＿＿＿＿

☐没有

（2）是否有储备的知识资源

☐有 → 已储备的知识资源包括：＿＿＿＿＿＿＿＿＿＿＿＿＿＿＿

☐没有

（3）目前已发表论文情况：＿＿＿＿＿＿＿＿＿＿＿＿＿＿＿＿＿＿＿

＿＿＿＿＿＿＿＿＿＿＿＿＿＿＿＿＿＿＿＿＿＿＿＿＿＿＿＿＿＿＿＿

1 　个性定制如个性化界面定制、个性化信息推送、个性化博物馆定制等。

（4）目前已申报课题情况：_____

_____

3.希望开展或提高的教育服务（可多选或说明）

☐绘本开发　☐数字出版　☐数字资源服务（微视频、音频故事等）

☐研学旅行　☐展览电子书　☐主题课程开发　☐主题游戏开发

☐其他：_____

二、问卷分析

（一）博物馆基本情况

1.建立时间

22%的博物馆的建立时间距今不到10年，61%的博物馆的建立时间距今10—49年，17%的博物馆已有50年及以上的历史。

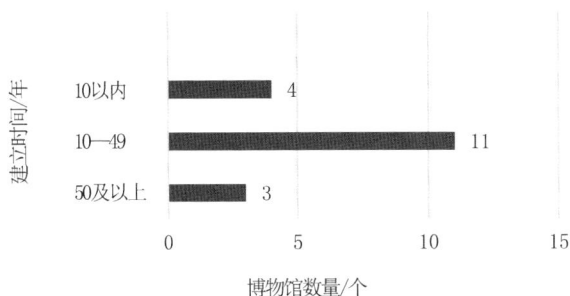

图1　建立时间分布图

表 1 建立时间分布表

建立时间（年）	博物馆数量（个）	占总数的百分比（%）
10 以内	4	22
10—49	11	61
50 及以上	3	17
样本总数	18	100

2. 藏品数量

35％的博物馆藏品数量在 5000 件以下，24％的博物馆藏品数量为 5000—9999 件，29％件的博物馆藏品数量为 10000—19999 件，仅 12％的博物馆藏品数量在 20000 件以上。

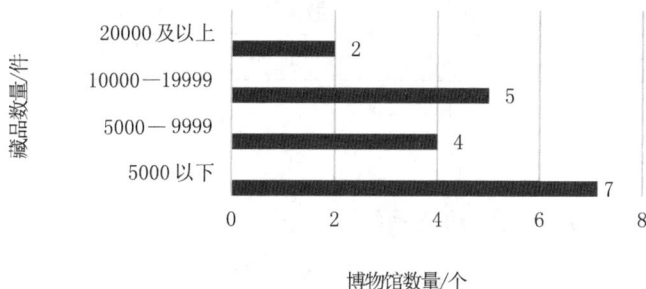

图 2 藏品数量分布图

表 2 藏品数量分布表

藏品数量（件）	博物馆数量（个）	占总数的百分比（%）
5000 以下	7	35
5000—9999	4	24
10000—19999	5	29
20000 及以上	2	12
样本总数	18	100

3. 工作人员数量

各个博物馆工作人员的平均数量为 26 人。

表3　工作人员数量均值表

样本数	工作人员数量（人）			
	最小值	最大值	平均值	标准差
18	14	55	26	12

4. 展厅面积

各个博物馆平均展厅面积为 4324.50 平方米。

表4　展厅面积均值表

样本数	展厅面积（平方米）			
	最小值	最大值	平均值	标准差
18	400.00	14264.00	4324.50	2971.55

5. 展厅数量

各个博物馆展厅的平均数量约为 6 个。

表5　展厅数量均值表

样本数	展厅数量（个）			
	最小值	最大值	平均值	标准差
18	3	12	6	3

6. 年观众接待量

各个博物馆年观众接待量约为 35.33 万人。

表6　年观众接待量

样本数	观众接待量（万人）			
	最小值	最大值	平均值	标准差
18	6.00	215.00	35.33	47.24

（二）博物馆日常业务管理情况

1. 信息化发展规划

仅22%的博物馆有五年信息化发展规划，28%的博物馆有年度信息化、数字化发展计划；78%的博物馆没有五年信息化发展规划，72%的博物馆没有年度信息化、数字化发展计划。

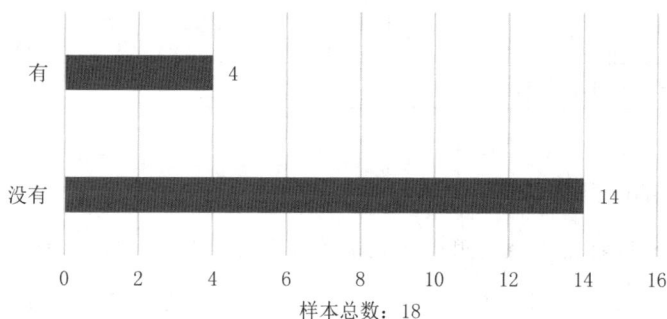

样本总数：18

图3　五年信息化发展规划分布图

表7　五年信息化发展规划分布表

有无信息化五年规划	博物馆数量（个）	占总数的百分比（%）
有	4	22
没有	14	78
样本总数	18	100

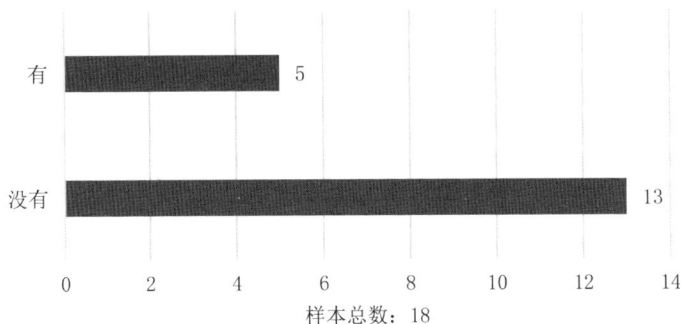

样本总数：18

图 4　年度信息化、数字化发展计划分布图

表 8　年度信息化、数字化发展计划分布表

有无年度信息化、数字化发展计划	博物馆数量（个）	占总数的百分比（%）
有	5	28
没有	13	72
样本总数	18	100

2. 当前记录藏品信息的手段

67% 的博物馆已经使用电子表格录入藏品，其中，50% 的博物馆已经应用这一方式录入藏品信息达 10 年以上；50% 的博物馆已经使用藏品信息管理系统，平均应用时间为 6 年；17% 的博物馆仅仅使用手工方式录入藏品信息。

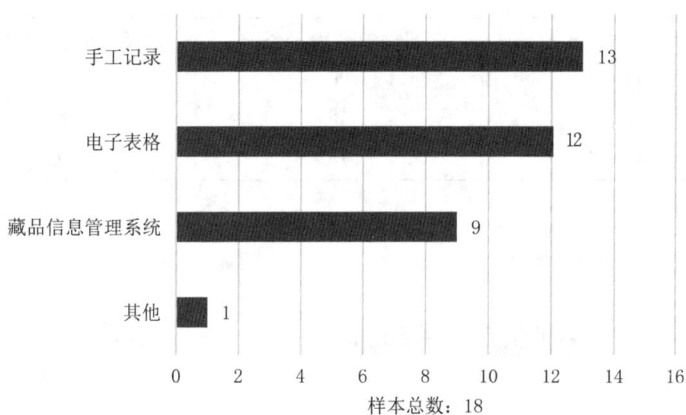

图 5 当前记录藏品信息的手段分布图

表 9 当前记录藏品信息的手段分布表

当前记录藏品信息的手段	博物馆数量（个）	占总数的百分比（%）
手工记录	13	72
电子表格	12	67
藏品信息管理系统	9	50
其他	1	6
样本总数	18	100

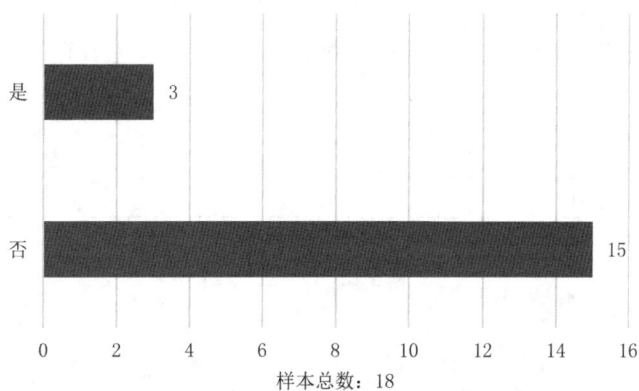

图 6 仅以手工方式录入藏品分布图

表 10　仅以手工方式录入藏品分布表

是否仅以手工方式录入藏品	博物馆数量（个）	占总数的百分比（%）
是	3	17
否	15	83
样本总数	18	100

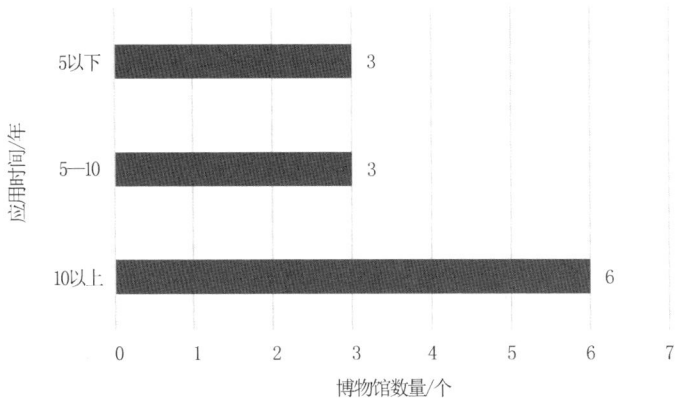

图 7　电子表格应用时间分布图

表 11　电子表格应用时间分布表

电子表格应用时间（年）	博物馆数量（个）	占总数的百分比（%）
5 以下	3	25.0
5—10	3	25.0
10 以上	6	50.0
样本总数	12	100.0

表 12　藏品信息管理系统应用时间均值表

样本数	藏品信息管理系统应用时间（年）			
	最小值	最大值	平均值	标准差
9	1	10	6	3

3. 信息化专职管理人员及培训

39% 的博物馆已经拥有了信息化专职管理人员，仍有 61% 的博物馆缺乏信息化专职管理人员；44% 的博物馆会开展信息化培训工作，仍有 56% 的博物馆没有开展信息化培训工作；有 17% 的博物馆缺少信息化专职管理人员，但会对工作人员开展相关信息化培训工作。

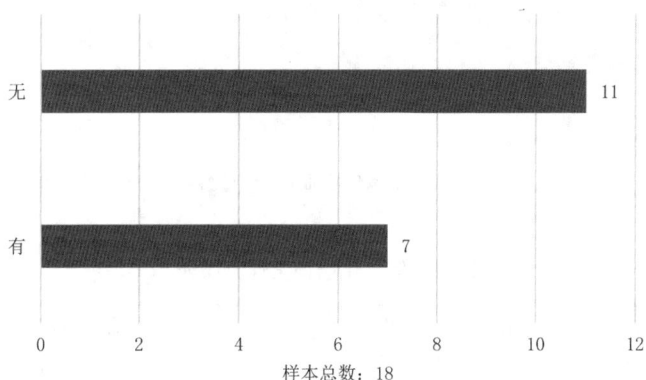

样本总数：18

图 8　信息化专职管理人员分布图

表 13　信息化专职管理人员分布表

有无信息化专职管理人员	博物馆数量（个）	占总数的百分比（%）
没有 有	11 7	61 39
样本总数	18	100

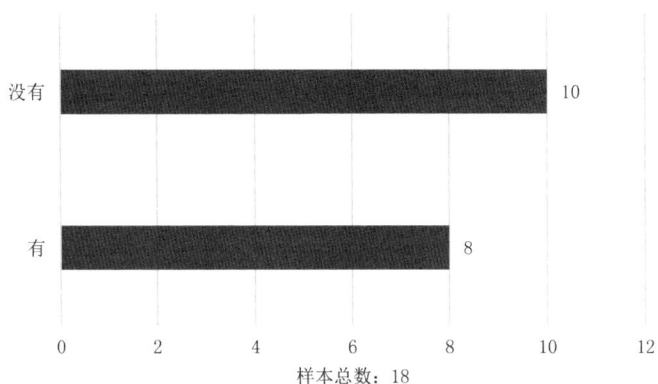

图 9　信息化培训工作分布图

表 14　信息化培训工作分布表

是否开展信息化培训工作	博物馆数量（个）	占总数的百分比（%）
没有 有	10 8	56 44
样本总数	18	100

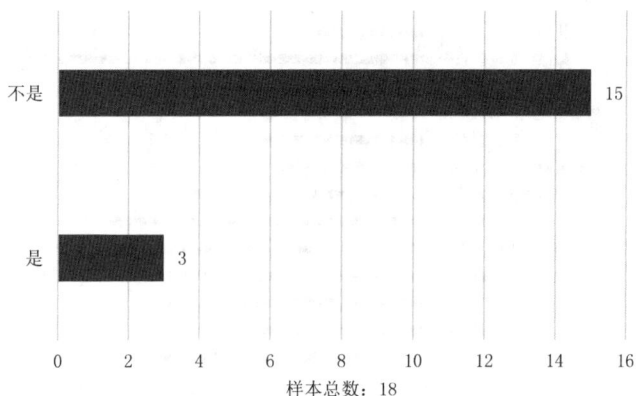

样本总数：18

图 10　无信息化专职管理人员，但会开展相关信息化培训工作分布图

表 15　无信息化专职管理人员，但会开展相关信息化培训工作分布表

无信息化专职管理人员，但会开展相关信息化培训工作	博物馆数量（个）	占总数的百分比（%）
不是	15	83
是	3	17
样本总数	18	100

4. 最需要的系统

83% 的博物馆认为藏品信息管理系统是他们目前最需要的系统，61% 的博物馆认为陈列展览管理系统是他们目前最需要的系统，56% 的博物馆认为研究档案管理系统、智能安保安防管理系统是他们目前最需要的系统，50% 的博物馆认为文物修复保护管理系统、社教活动管理系统、客流管理系统是他们目前最需要的系统，39% 的博物馆认为文献管理系统、志愿者管理系统是他们目前最需要的系统，而对资产管理系统（33%）、协同办公管理系统（28%）、博物馆环境监测与风险预控管理系统（28%）、非物质文化遗产管理系统（17%）的需求不是很强烈。

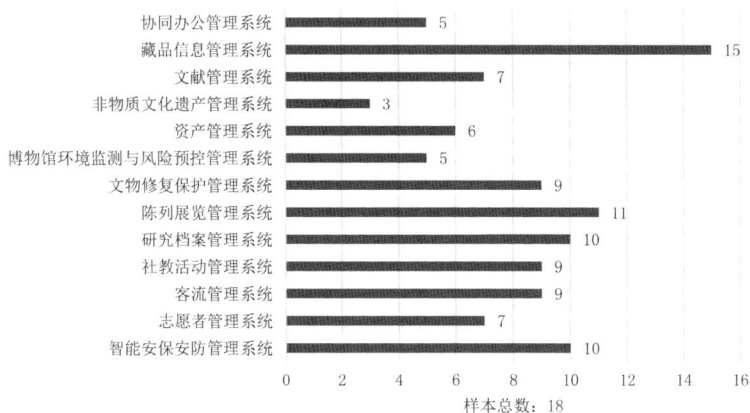

样本总数：18

图 11　当前最需要的系统分布图
表 16　当前最需要的系统分布表

当前最需要的信息管理系统	博物馆数量（个）	占总数的百分比（%）
协同办公管理系统	5	28
藏品信息管理系统	15	83
文献管理系统	7	39
非物质文化遗产管理系统	3	17
资产管理系统	6	33
博物馆环境监测与风险预控管理系统	5	28
文物修复保护管理系统	9	50
陈列展览管理系统	11	61
研究档案管理系统	10	56
社教活动管理系统	9	50
客流管理系统	9	50
志愿者管理系统	7	39
智能安保安防管理系统	10	56
样本总数	18	100

（三）藏品数字化工作

1. 藏品数字化工作开始时间

根据调查，22%的博物馆尚未开展藏品数字化工作，78%的博物馆

已经开展藏品数字化工作。在已经开展藏品数字化工作的博物馆中，有
21%的博物馆的藏品数字化工作已经进行了10年以上，36%的博物馆的
藏品数字化工作进行了5—10年，43%的博物馆的藏品数字化工作刚刚起
步，在5年以下。

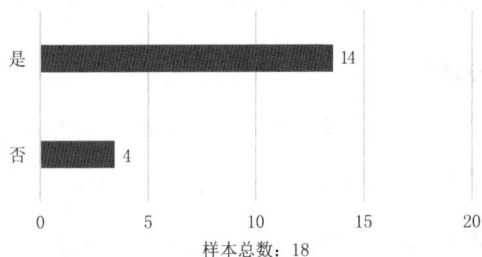

图12　是否已开展藏品数字化工作分布图

表17　是否已开展藏品数字化工作分布表

是否已开展藏品数字化工作	博物馆数量（个）	占总数的百分比（%）
是	14	78
否	4	22
样本总数	18	100

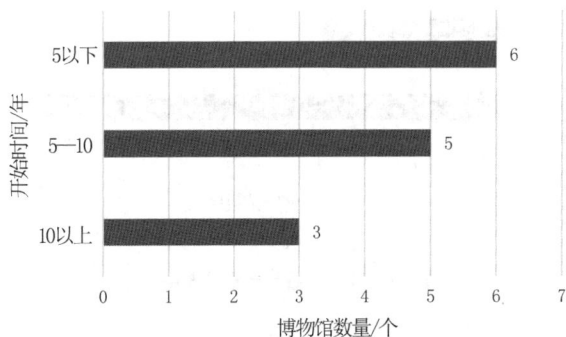

图13　藏品数字化工作开始时间分布图

表 18　藏品数字化工作开始时间分布表

藏品数字化工作开始时间（年）	博物馆数量（个）	占总数的百分比（%）
5 以下	6	43
5—10	5	36
10 以上	3	21
样本总数	14	100.0

2. 数字化藏品数量

在已开展数字化工作的博物馆中，29% 的博物馆的数字化藏品数量少于 500 件，14% 的博物馆的数字化藏品数量为 500—999 件，7% 的博物馆拥有 1000—2999 件数字化藏品，14% 的博物馆拥有 3000—5999 件数字化藏品，36% 的博物馆拥有 6000 件以上数字化藏品。这些博物馆平均拥有的数字化藏品为 3052 件。

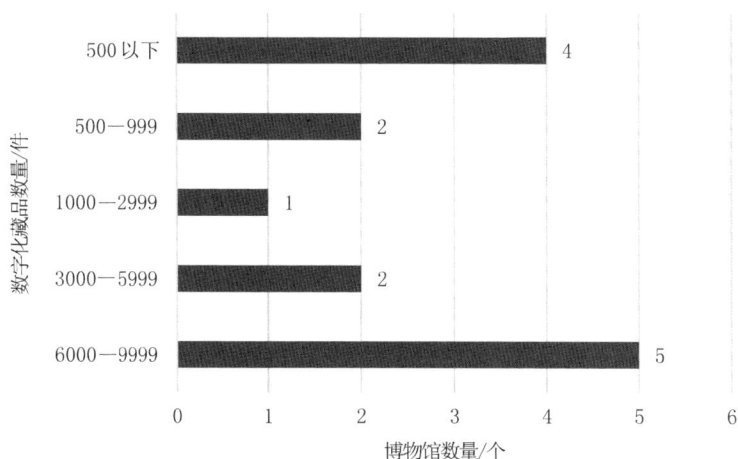

图 14　数字化藏品数量分布图

表 19 数字化藏品数量分布表

数字化藏品数量（件）	博物馆数量（个）	占总数的百分比（%）
500 以下	4	29
500—999	2	14
1000—2999	1	7
3000—5999	2	14
6000—9999	5	36
样本总数	14	100

3. 数字资源类型

在已开展数字化工作的博物馆中，78%的博物馆拥有文本型数字资源，61%的博物馆拥有二维图像型数字资源，33%的博物馆拥有三维模型数字资源，22%的博物馆拥有视频和音频型数字资源，仅6%的博物馆拥有动画型数字资源。

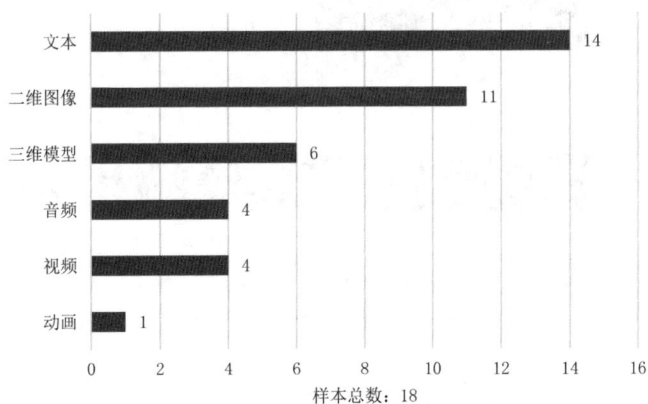

图 15 数字资源类型分布图

表 20　数字资源类型分布表

数字资源类型	博物馆数量（个）	占总数的百分比（%）
文本	14	78
二维图像	11	61
三维模型	6	33
音频	4	22
视频	4	22
动画	1	6
样本总数	18	100

4.数字资源管理、采集、展示系统

仅 33% 的博物馆拥有藏品数字资源管理系统，67% 的博物馆没有藏品数字资源管理系统；仅 22% 的博物馆拥有馆藏文物数字化采集系统，78% 的博物馆没有馆藏文物数字化采集系统；仅 39% 的博物馆拥有数字资源展示平台，61% 的博物馆没有数字资源展示平台。

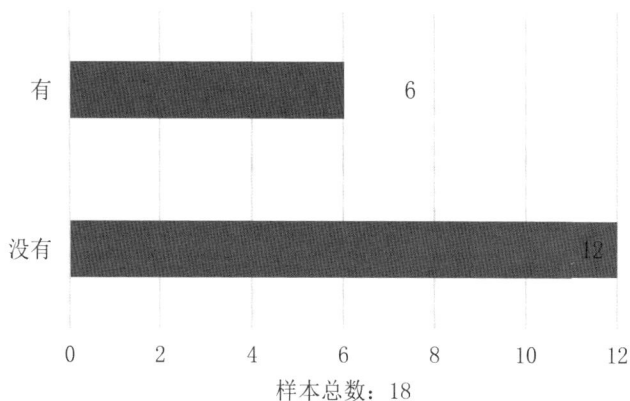

图 16　藏品数字资源管理系统分布图

表 21   藏品数字资源管理系统分布表

藏品数字资源管理系统	博物馆数量（个）	占总数的百分比（%）
有	6	33
没有	12	67
样本总数	18	100

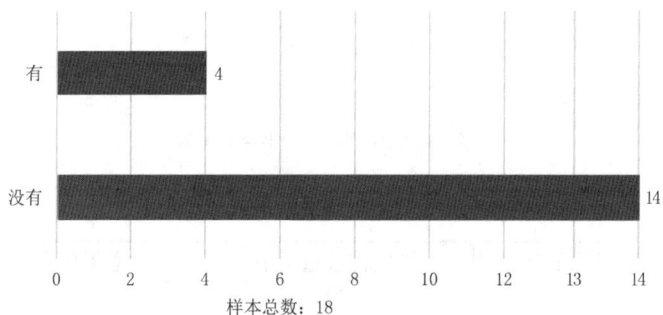

样本总数：18

图 17   馆藏文物数字化采集系统分布图

表 22   文物数字化采集系统分布表

有无馆藏文物数字采集系统	博物馆数量（个）	占总数的百分比（%）
有	4	22
没有	14	78
样本总数	18	100

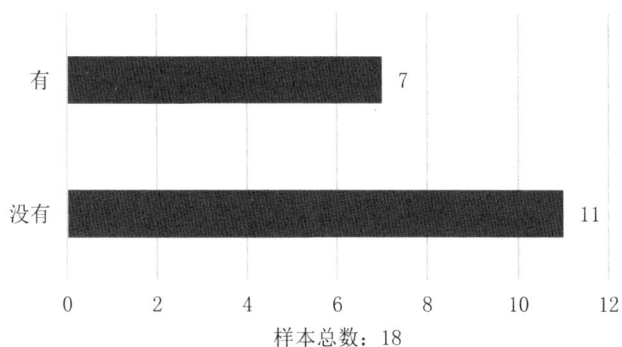

样本总数：18

图 18　数字资源展示平台分布图

表 23　数字资源展示平台分布表

数字资源展示平台	博物馆数量（个）	占总数的百分比（%）
有	7	39
没有	11	61
样本总数	18	100

5. 需完善的数字化工作

67% 的博物馆认为自身需要完善藏品高精度三维建模与展厅数字化三维定制工作，50% 的博物馆认为自己需要完善 VR 视频定制工作，44%的博物馆认为自己需要完善高清二维图像采集与藏品高清环拍工作。

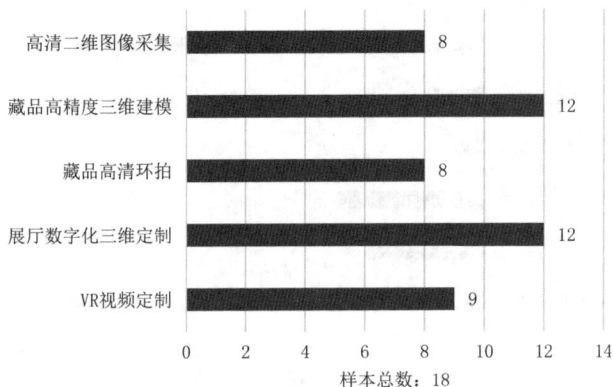

图 19　需完善的数字化工作分布图

表 24　需完善的数字化工作分布表

需完善的数字化工作	博物馆数量（个）	占总数的百分比（%）
高清二维图像采集	8	44
藏品高精度三维建模	12	67
藏品高清环拍	8	44
展厅数字化三维定制	12	67
VR 视频定制	9	50
样本总数	18	100

（四）陈列展览

1. 已用于陈列展览的技术手段

78% 的博物馆在陈列展览中已经应用了语音导览及其他相关多媒体，28% 的博物馆在展览中应用了数字全景技术，22% 的博物馆在展览中应用了数字档案技术，少有博物馆在展览中应用 360 度全息投影技术（11%）和裸眼立体展示技术（6%）。

56% 的博物馆现有的多媒体展示设备少于 10 件，33% 的博物馆现有的多媒体展示设备为 10—49 件。

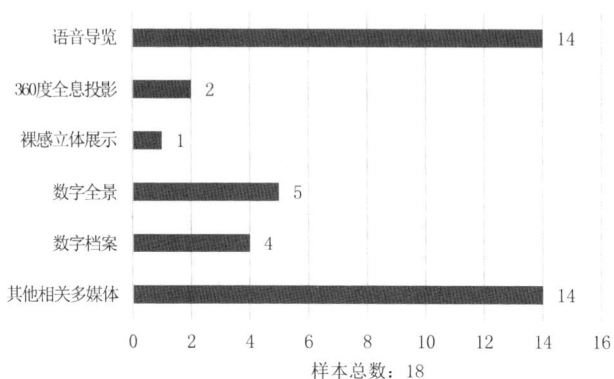

样本总数：18

图 20　陈列展览技术手段分布图

表 25　陈列展览技术手段分布表

陈列展览技术手段类型	博物馆数量（个）	占总数的百分比（％）
语音导览	14	78
360 度全息投影	2	11
裸眼立体展示	1	6
数字全景	5	28
数字档案	4	22
其他相关多媒体	14	78
样本总数	18	100

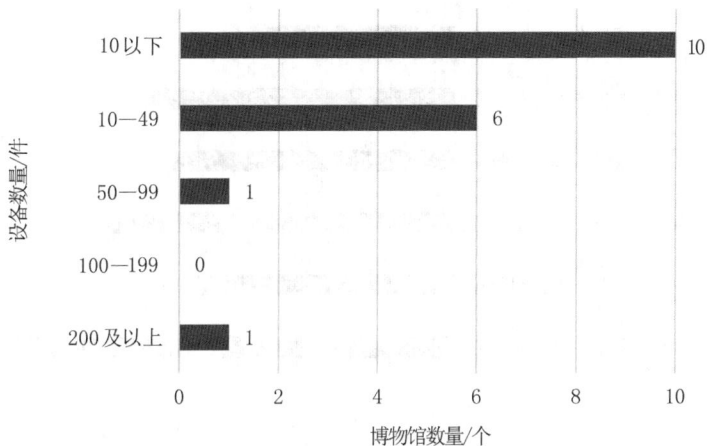

图 21　多媒体展示设备数量分布图

表 26　多媒体展示设备数量分布表

多媒体展示设备数量（件）	博物馆数量（个）	占总数的百分比（%）
10 以下	10	56
10—49	6	33
50—99	1	6
100—199	0	0
200 及以上	1	6
样本总数	18	100

2. 希望增进的展览服务

94% 的博物馆希望能够在展览中增加个性化文化衍生品供应服务，超过 50% 的博物馆希望能够增加藏品数字化体感互动展示服务（78%）、基于位置的智能语音导览服务（67%）、增强现实参观服务（61%）、展品三维打印服务（56%）。

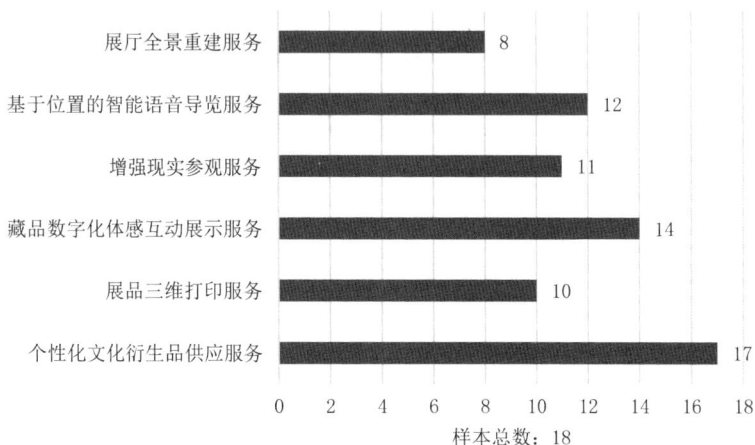

图 22　希望增进的展览服务分布图

表 27　希望增进的展览服务分布表

希望增进的展览服务	博物馆数量（个）	占总数的百分比（%）
展厅全景重建服务	8	44
基于位置的智能语音导览服务	12	67
增强现实参观服务	11	61
藏品数字化体感互动展示服务	14	78
展品三维打印服务	10	56
个性化文化衍生品供应服务	17	94
样本总数	18	100

（五）网站、社交媒体

1. 网站情况

目前，67% 的博物馆拥有自己的官方网站，33% 的博物馆没有网站。在已经开设官方网站的博物馆中，42% 的博物馆网站成立时间迄今达 10 年及以上，58% 的博物馆网站成立时间迄今不足 10 年。

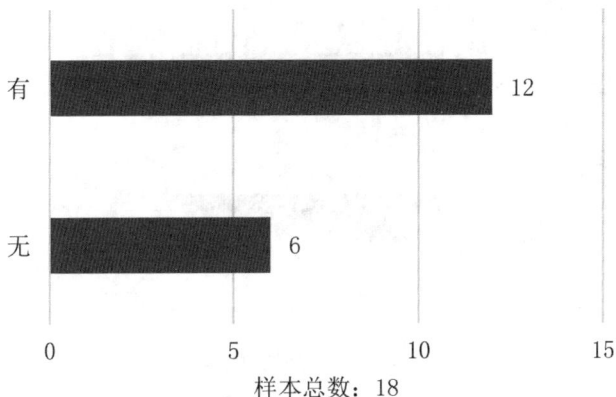

有   12

无   6

0   5   10   15

样本总数：18

图 23 网站拥有情况分布图

在已有的网站服务方面，超过 50% 的博物馆为用户提供了数字展厅服务（75%）、高清藏品欣赏服务（67%），50% 的博物馆提供藏品信息查询与检索服务，42% 的博物馆提供了在线活动预约服务，少有博物馆提供多语言版本选择服务（17%）、在线文创商店服务（17%），设有博物馆提供讲座直播视频服务（0%）、在线网络课程服务（0%）、在线游戏服务（0%）。

在期望扩展的网站服务方面，58% 的博物馆希望能够增加网站版本分众服务、个性定制服务，42% 的博物馆希望增加网站的 3D 虚拟漫游服务，33% 的博物馆希望增加数字社区服务。

表 28 网站拥有情况分布表

有无网站	博物馆数量（个）	占总数的百分比（%）
有	12	67
没有	6	33
样本总数	18	100

165

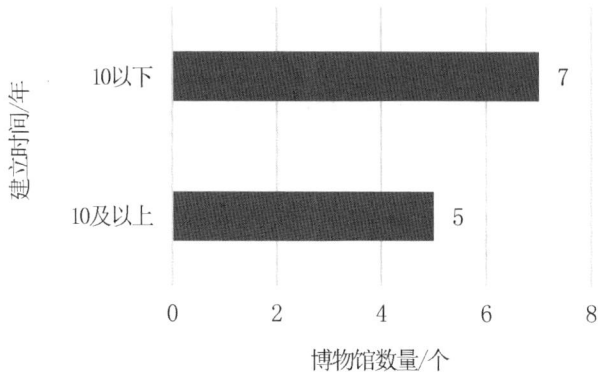

图 24   网站建立时间分布图

表 29   网站建立时间分布表

网站建立时间	博物馆数量（个）	占总数的百分比（%）
10 年以下	7	58
10 年及以上	5	42
样本总数	12	100

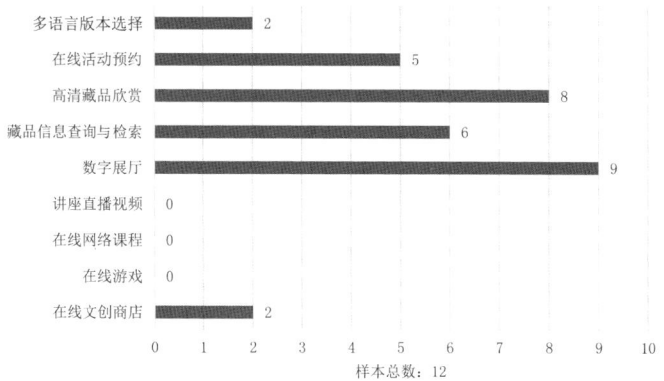

图 25   已有的网站服务分布图

表 30　已有的网站服务分布表

网站服务类型	博物馆数量（个）	占总数的百分比（%）
多语言版本选择	2	17
在线活动预约	5	42
高清藏品欣赏	8	67
藏品信息查询与检索	6	50
数字展厅	9	75
讲座直播视频	0	0
在线网络课程	0	0
在线游戏	0	0
在线文创商店	2	17
样本总数	12	100

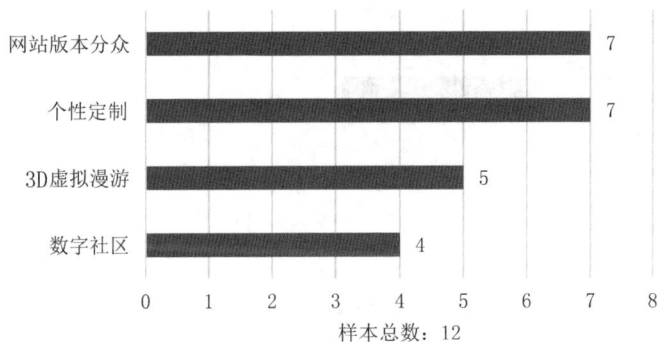

样本总数：12

图 26　需要增加的网站服务分布图

表 31　需要增加的网站服务分布表

需要增加的网站服务	博物馆数量（个）	占总数的百分比（%）
网站版本分众	7	58
个性定制	7	58
3D 虚拟漫游	5	42
数字社区	4	33
样本总数	12	100

2. 社交媒体

94%的博物馆已经拥有自己的微信公众号，平均粉丝数量在4328人左右；44%的博物馆有官方微博，平均粉丝数量为4148人左右。

83%的博物馆希望通过社交媒体加强与公众的互动交流，78%的博物馆希望通过社交媒体加强对本馆的活动宣传，44%的博物馆希望利用社交媒体实现资源共享，28%的博物馆希望通过社交媒体实现在线教育。

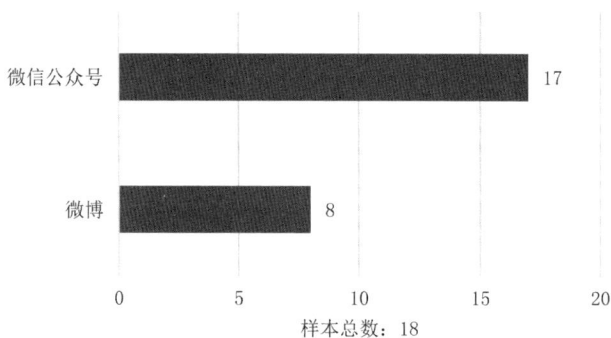

图 27　使用的社交媒体分布图

表 32　使用的社交媒体分布表

社交媒体	博物馆数量（个）	占总数的百分比（%）
微信公众号	17	94
微博	8	44
样本总数	18	100

表 33　微信公众号粉丝数量与微博粉丝数量

单位：人

社交媒体	样本数	最小值	最大值	平均值	标准差
微信公众号粉丝数量	17	318	25870	4328	6422
微博粉丝数量	8	139	10621	4148	5659

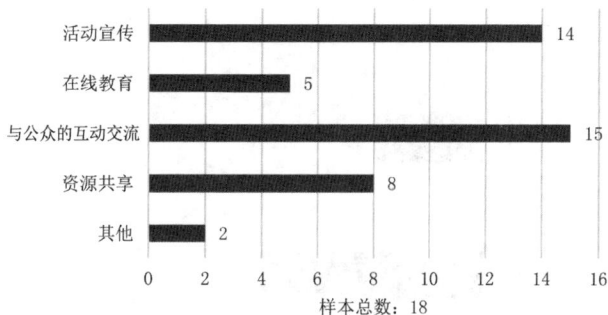

活动宣传　14
在线教育　5
与公众的互动交流　15
资源共享　8
其他　2

0　2　4　6　8　10　12　14　16

样本总数：18

图 28　急需通过社交媒体增强的功能分布图

表 34　急需通过社交媒体增强的功能分布表

急需通过社交媒体增强的功能	博物馆数量（个）	占总数的百分比（％）
活动宣传	14	78
在线教育	5	28
与公众的互动交流	15	83
资源共享	8	44
其他	2	11
样本总数	18	100

（六）研究、教育及其他

1. 研究

33% 的博物馆开展了文物价值挖掘工作，67% 的博物馆尚未开展文物价值挖掘工作；33% 的博物馆拥有储备的知识资源，67% 的博物馆没有储备的知识资源。

50% 的博物馆没有发表过论文，发表过 1—2 篇论文的博物馆占总数的 17%，发表过 11—50 篇论文的博物馆占总数的 27%，发表过 50 篇以上论文的博物馆仅占总数的 6%；78% 的博物馆没有申报过课题，其余 22%

的博物馆申报过 1—5 个不等的课题。

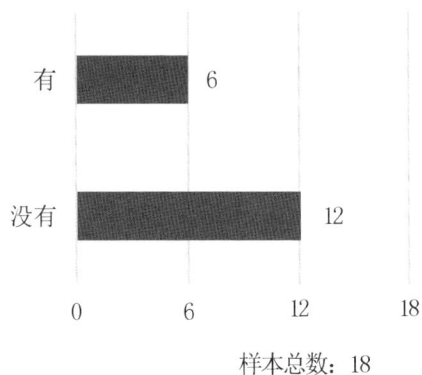

样本总数：18

图 29　文物价值挖掘工作开展情况分布图

表 35　文物价值挖掘工作开展情况分布表

有无文物价值挖掘工作	博物馆数量（个）	占总数的百分比（%）
有	6	33
没有	12	67
样本总数	18	100

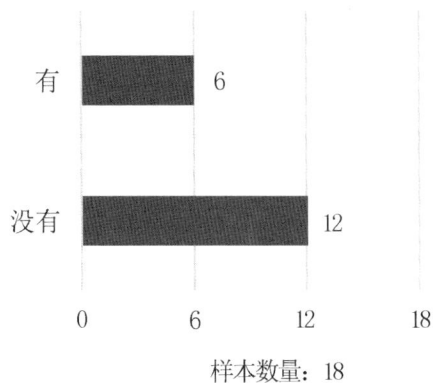

样本数量：18

图 30　知识储备情况分布图

表 36　知识储备情况分布表

有无知识储备	博物馆数量（个）	占总数的百分比（%）
有	6	33
没有	12	67
样本总数	18	100

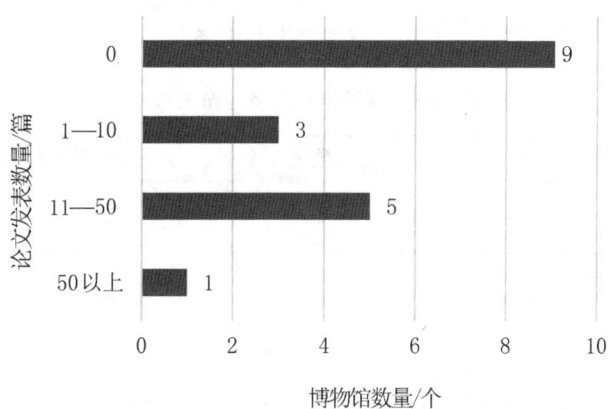

图 31　论文发表数量分布图

表 37　论文发表数量分布表

论文发表数量（篇）	博物馆数量（个）	占总数的百分比（%）
0	9	50
1—10	3	17
11—50	5	27
50 以上	1	6
样本总数	17	100

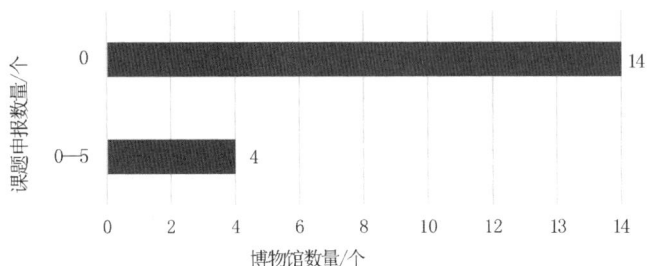

图 32 课题申报数量分布图

表 38 课题申报数量分布表

课题申报数量（个）	博物馆数量（个）	占总数的百分比（％）
0	14	78
1—5	4	22
样本总数	18	100

2. 教育

超过 50% 的博物馆希望开展或提高主题课程开发服务（72%）、数字资源服务（67%）、研学旅行服务（56%）、展览电子书服务（56%），44%的博物馆希望开展或提高绘本开发服务，39% 的博物馆希望开展或提高主题游戏开发服务，33% 的博物馆希望开展或提高数字出版服务。

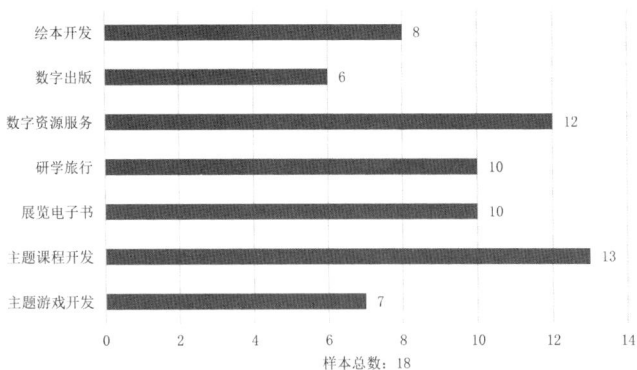

图 33 希望开展或提高的教育服务分布图

表 39　希望开展或提高的教育服务分布表

希望开展或提高的教育服务类型	博物馆数量（个）	占总数的百分比（%）
绘本开发	8	44
数字出版	6	33
数字资源服务	12	67
研学旅行	10	56
展览电子书	10	56
主题课程开发	13	72
主题游戏开发	7	39
样本总数	18	100

三、调研结果

（一）缺少专业系统与人才

根据调查，尽管大部分博物馆已经实现了藏品录入信息的自动化，但这一自动化方式主要以电子表格为主（67%），虽然使用藏品信息管理系统录入藏品的博物馆已有50%，但绝大部分博物馆（83%）仍然表达了对藏品信息管理系统的迫切需求。

在工作人员构成上，仍有61%的博物馆缺乏信息化专职管理人员，且有56%的博物馆尚未对工作人员开展信息化培训工作；在信息化发展规划上，仍有78%的博物馆没有五年信息化发展规划，72%的博物馆没有年度信息化、数字化发展计划。这说明大部分博物馆对信息化专业人才及长远的信息化发展规划仍有需求。

（二）数字化建设程度较低

根据调查，尽管有22%的博物馆尚未开展藏品数字化工作，但78%的博物馆已经开展藏品数字化工作，且在这些博物馆中，有21%的博物馆的藏品数字化工作已经进行了 10 年以上，说明浙江省大部分中小型博物馆已经意识到数字化建设的重要性，并付诸实践。

考察这些博物馆进行的藏品数字化工作的现状，可以发现，从数字化藏品数量上看，这些博物馆平均拥有的数字化藏品为 3052 件，藏品数字化采集工作效率有待提高；在数字资源类型上，二维图像型资源（61%）与文本型资源（78%）是最为普遍的数字资源类型，而三维模型、视频型、音频型、动画型数字资源较少见，这说明目前博物馆的数字资源类型不丰富；在博物馆数字资源管理、采集、展示系统上，67% 的博物馆缺少藏品数字资源管理系统，78% 的博物馆缺少馆藏文物数字化采集系统，61%的博物馆缺少数字资源展示平台。对上述调查数据的分析表明，目前这些博物馆的数字化工作在"质"与"量"两个方面都有待提高。

（三）新兴数字化展览陈列技术受欢迎

根据调查，各个博物馆基本都使用了多媒体技术，其中，以语音导览技术最为普遍（78%），而 360 度全息投影（11%）、裸眼立体展示技术（6%）等新颖的技术较少见。在对展览服务的需求上，各个博物馆对个性化文化衍生品供应服务的需求最为强烈，对藏品数字化体感互动展示服务、基于位置的智能语音导览服务、增强现实参观服务、展品三维打印服务也存在一定的需求，这说明在陈列展览方面，博物馆对新兴的展陈技术持积极态度，希望能够采纳这些技术以增进观众与藏品的互动，使展览服务更贴合观众的需求，更贴合博物馆的数字化需求。

（四）在线教育有待加强

根据调查，67% 的博物馆拥有官方网站，这些网站以数字展厅服务

（75%）、高清藏品欣赏服务（67%）为主，其次为藏品信息查询与检索服务、在线活动预约服务。在对网站服务进行提升方面，大部分博物馆普遍希望增加个性定制服务（58%）、网站版本分众服务（58%），这说明这些博物馆越来越意识到用户的个性差异，期望通过网站的升级，满足用户的不同需求。

微信公众号是各个博物馆普遍应用的社交媒体平台，有一定的用户量，平均粉丝数量在 4328 人左右，大部分博物馆都希望通过社交媒体加强与公众的互动交流及对本馆的活动宣传，仅有 44% 的博物馆希望利用社交媒体实现资源共享，28% 的博物馆希望通过社交媒体实现在线教育，这说明博物馆对开放藏品资源这一问题仍存在一定的疑虑，且尚未重视利用社交媒体为其实现自身的教育服务职能。

（五）研究职能待发挥

根据调查，67% 的博物馆尚未进行文物价值挖掘工作，67% 的博物馆缺少储备的知识资源，50% 的博物馆没有发表过论文，78% 的博物馆没有申报过课题，这说明博物馆尚未充分发挥其研究职能。